Heinrich Wirrich, Philipp Ulhart

Ordenliche Beschreibung der fürstlichen Hochzeit

Die da gehalten ist worden, durch den durchleuchtigen, hochgebornen Fürsten und Herrn, Herrn Wilhelm Pfalzgraf beim Rhein, Hertzog in Ober- und Niederbayern

Heinrich Wirrich, Philipp Ulhart

Ordenliche Beschreibung der fürstlichen Hochzeit

Die da gehalten ist worden, durch den durchleuchtigen, hochgebornen Fürsten und Herrn, Herrn Wilhelm Pfalzgraf beim Rhein, Hertzog in Ober- und Niederbayern

ISBN/EAN: 9783337336103

Hergestellt in Europa, USA, Kanada, Australien, Japan

Cover: Foto ©ninafisch / pixelio.de

Weitere Bücher finden Sie auf **www.hansebooks.com**

Ordenliche Beschreybung der
Fürstlichen Hochzeyt/ die da gehalten ist worden/
durch den Durchleüchtigen Hochgebornen Fürsten vnnd Herrn/
Herrn Wilhelm Pfaltzgraf beim Rheyn/Hertzog inn Obern vnd
Nidern Bayern ꝛc. Mit dem Hochgebornen Fräwlin Renatta/
geborne Hertzogin auß Luttringe/den 2 j. tag Februarij/des 1568.
Jars/in der Fürstlichen Statt München/ Vnd an die Kaiserliche
Maiestet geschriben/Vnd dem Hochermelten Fürsten vnd Herrn/
Herrn Hertzogen Wilhelm ꝛc. Auch dem Hochernanntem Fräwlin
Renatta/vnd jrer baider freündtschafft/zů hohen ehren/ in teütsche
Carmina gestellt/durch Hainrichen Wirte/ Teütscher Poet/
vnd Obrister Prütschenmaister imm Osterreich / vnd
Burger auff der Zell/ inn der Herr-
schafft Gleyß/ an der
Yps gelegen.

Hierinn wirt auch begriffen/alle Fürsten/Grauen/
Freyen/ Herren/ Rittern vnd Edlen/ mit jrem Namen vnd
Stammen/ Deßgleich wie starck ain yeder ankommen/
mit sampt aller zier/Es sey Einritt/ Kirchgäng/
Maalzeyt/ Schänckung/ Täntzen/ Thur-
niern/ vnnd andern Ritterspilen/
was sich die zeyt der Hoch-
zeyt verlauffen
hat.

Mit Kaiserlicher Maiestet Gnaden vnd Freyhait/
nicht nachzutrucken verbotten.

Getruckt zů Augspurg/durch
Philipp Vlhart.

Großmächtigister/ Durchleüchtigister/
Vnüberwindtlichister Kaiser/ Aller gnädigister
Herr/Es ist mein gantz underthänig unnd gehorsa-
mist bitt/ an Ewer Kaiserliche Maiestet/ umb gnä-
digiste günstigiste verzeihung/ das ich mich mitt
disem Buch so lang gesaumbt/ unnd dasselbig Ewer Kaiserlichen
Maiestet nit ehe underthenigist überantwurt/ zaig ich undertheni-
gist an mein unschuld/ Nach dem mich das wetter sehr verhindert/
das ich etliche tag zu spat gen München kommen/ und nicht alles
künden sehen/ ist mir ain grosse hindernuß gewesen/ hab auch ver-
maint/nach dem so vil und mancherlay/ von allen Stenden unnd
Nationen/ vil geleerter und erfarner personen (dann Ich bin) ver-
handen/ es wurd nicht fählen/ es wurd mir ain anderer vor kom-
men/der der Pocterey besser (dann ich) unterricht wer/Nach dem
ich aber gesehen und verstanden/das niemandt verhanden/ hab ich
nit umbgehn künden/ solche Christliche/Hochlöbliche und Fürst-
liche Hochzeit/ mit sambt Fürstlicher zier/Kirchgäng/Thurnier/
und andern Ritterspiln/ so sich die zeit der Hochzeit/ zugetragen un
verlauffen/ zu dem ainfältigisten/ zu schreiben/ unnd inn Teütsche
Carmina zubringen/und dieselbigen (nach dem ich sy des Durch-
leüchtigen Hochgebornen Fürsten und Herrn/Herrn Albrechten/
Pfaltzgraf beim Rheyn/Hertzog in Obern un Nidern Bayrn rc.
Rhat hab lassen besehen/ auch von jnen/ im namen des Hochge-
dachten Fürsten guügsamlich verehrt) Ewer Kaiserlichen Maie-
stet underthänigst und gehorsamst überantworten/ Bitt hienebend
underthänigist Ewer Kaiserliche Maiestet/ auch andere Fürsten/
Grauen/Freyen/Herren/Ritter und Edlen/ Auch was würden
oder stands ain yeder sey/ umb gnädigiste günstigiste verzeyhung/
wo ich (wie dann leichtlich geschehen ist) zu vil oder wenig/in meine
Carmina gesetzt/ auch nicht ain yeden nach seinem Stammen oder
Namen recht genendt/ oder ettlicher gar vergessen/ das mit willen
nit geschehen/ ob ich gleich fleissig gefragt/ fürcht ich nit wol müg-
lich sein/das unter so vil Hochermelten Fürsten/Grauen/Herren/
Ritter und Edlen/ nicht etwan aines vergessen/ oder zu dem weni-
gisten wie genendt/ von seinem Stammen oder Namen recht ge-
nendt/ Ich hab fleiß und arbait nicht gespart/ so ferr mir müglich/

A ij   So

So seind mir auch auß fürbitt des Wolgebornen Herren/Herren
Tiethmar von Losenstain/Hert inn der Schwend/Kaiserlicher
vnnd Künigklicher Maiestet Rhat/vnnd yetz auff der Hochlob-
lichen Fürstlichen hochzeyt zů München/der Hochgebornen Fra-
wen/Fraw N. Künigin zů Poln gesandter/alle Fůter vnd Furier
zedel zůgestellt worden/vnd fleissig übersehen/Bitt derhalb Ewer
Kaiserliche Maiestet/Auch andere Hochermelte Fürsten vñ Her-
ren/vor an den Durchleüchtigen Hochgebornen Fürsten vnd Her-
ren/Herrn Albrecht/Pfaltzgraf beim Rheyn/Hertzog in Obern
vnnd Nidern Bayrn ꝛc. den Preütigam/Hertzogen Wilhelm ꝛc.
sein geliebten Sun/solliche meine (wie obgemeldt) klainfüge
Carmina/vnd ainfältige Beschreibung/als von ainem
schlechten Poeten vnnd Prütschenmaister/Ewer
Kaiserlichen Maiestet vnderthäniger
williger vnnd gehorsamer
Diener genädigist
annemen.

Ewer K. M.

   vnderthänigister

      Hainrich Wirre.

        Dises

Dises Wappen schaw du hie an/
    Es gibt dir gründtlich zů verstan.
Hertzog Albrecht Pfaltzgraf beim Rhein/
    Obern vnd Nidern Bairn ist sein.
Sy begeren kains andern Herrn/
    Dann sy werden in hohen ehrn.
Von disem Fürsten geregirt/
    Auch wol gehalten wie gebürt.
Des hat jm Gott sein gnad gethan/
    Laßt jm sein Stam nit vndergan.
Vnd so Er jn berüffet gleich/
    Zů jme in sein Ewig Reich.
So ist das Land dennocht versehn/
    Von seinem Stammen můß ich sehn.
Des er sich höchlich frewen mag/
    Biß an sein end vnd letsten tag.

A iij   Dises

Dises Wappen schaw du auch gleich /
 Das fürt das hauß von Osterreich.
Darauß Fraw Anna hochgeborn /
 Ain Fürstin ist vnd außerkorn.
Der frumme Kaiser Ferdinandt /
 Ir liebster Vatter höchst erkandt.
Ir Můter muß ich reden das /
 Ain Künigin auß Vngern was.
Weytter solt du mercken eben /
 Zů aim Gmahel ward sy geben.
Hertzog Albrechten hoch genandt /
 Pfaltzgraf beym Rheyn im Bayerland.
Ain Fürst wie ich vor hab anzaigt /
 Zů der ghrechtigkait allzeyt gnaigt.
Des wirt jm Got nach disem lebn /
 Sampt der Fürstin das ewig gebn.

Dises

Ises Wappen von altem Stam/
    Zaiget dir an den Preütigam.
Hertzog Wilhelmen außerkorn/
    Von Hertzog Albrechten geborn.
Auch von der Fürstin tugentreich/
    Geborn wie gnandt auß Osterreich.
Von hohem Kaiserlichem Stam/
    Von dem man nye nichts args vernam.
Got der Herr der wöll jm geben/
    Starcken frid vnd gnad darneben.
Das Er erhallt seins Vattern land/
    Vor Tirannen vnd feindes hand.
Vnd auch von jm gar vnbeschwert/
    Diser Fürstlich Stam werd gemert.
Dañ von Got ists ain gab sehr güt/
    Wa sich ain Stam recht mehren thůt.

Dij

Du sihest hie vor augen ston/
　Ain Fürstlich Wappen wol gethon.
Das zaigt hie an zů diser frist/
　Die Braut Renatta die da ist.
Auß Luttringen so hochgeborn/
　Zů ainem Gmahel außerkorn.
Hertzogen Wilhelm hochgenandt/
　Got geb jn glück ja bede n sandt.
Das sy mögn in Ehlichen stat/
　Daran daß Got ain gfallen hat.
Leben regiern ain lange zeyt.
　Vnd auch darin hochlich erfreüt.
Mit jungen Fürsten frawlin reich/
　Das jr stammen bleib ewigklich.
Hie auff erden in diser zeyt/
　Darnach in ewigr säligkeit.

Drey

DRey Löwen sichst du hie wol ston/
    In disem Wappen wol gethon.
Die seind lustig vnd darzů starck/
    Das Künigreich wol auß Dennmarck.
Hat by gefürt von alter har/
    Dardurch es auch gezieret war.
Fraw Christiana ist drauß gborn/
    Der Braut můter hoch auß erkorn.
Vnd ainem Fürsten merck eben/
    Auß Luttring zum Gmåhel geben.
Bey dem by dann hat vnbetrogn/
    Renata die Fürstin erzogn.
In hohen ehren worden alt/
    Der Herre Got mit seinem gwalt.
Erhalte by in seiner gnad/
    Auff Erden ist by niemandt schad.

B   Schaw

Schaw das Wappen mit gantzem fleiß/
 Es ist rot gelb vnd darzü weiß.
Das zaigt an dir on allen schadn/
 Ain hochgeborn Fürstin von Badn.
Hertzog Albrechten Müter zwar/
 Des Preütgams Anfraw das ist war.
Die hat Got durch sein gnad vnd gwalt/
 In hohen ehrn lon werden alt.
Dann ōy sich allzeyt der armen/
 Gnedigklich hat thūn erbarmen.
Des wirt ōy Got lassen sehen/
 Mir zweyfelt nit es soll gschehen.
Die dritten Kinder fürstlich bhreüt/
 Darinn ōy wirt gar hoch erfreüt.
Got der Herr wirt ir gwiß geben/
 Nach disem das ewig leben.

Ferdinandus

Ferdinandus ain junger Heldt/
　Dem ich hie hab zů ehren gstellt.
Dises Wappen Fürstlich geziert/
　Wie es sein lieber Vatter fiert.
Des ain Fürst sich nit darff schamen/
　Löw vnd Wegkeu schön mit namen.
Got erhallt das jung Fürstlich blůt/
　Geb jm krafft sterck verstand vnd můt.
Dem Vatterland zů ehrn vnd nutz/
　Vnd dem feind zů neyd vnd auch trutz.
Erhallt jn durch dein Namen drey/
　Mit deiner gnad so won jm bey.
Als args vom jungen Fürsten ker/
　Das gantze land hat sein ain ehr.
Dann in aim Land es gar wol stat/
　Wa es so frumme Fürsten hat.

B ij　　Die

Die Römisch Bäpstlich Hailigkeit/
Fürt das Wappen ain lange zeyt.

Von Rom Bäpstlicher hailigkait/
Ain Gsandter war gar wol berait.
Bischoff von Augspurg Cardinal/
Vnd der erste in diser zal.

Der doplet Adler zaller zeyt/
Gehört dem haupt der Christenheyt.

Die Kaiserliche Maiestet/
Jr Gsandten auch dar schicken thet.
Den Teütschen Maister von Mergnthal/
Der ander gnandt in diser zal.

B iij Das

Das Küngklich Wappen hört in thů/
Küng Philipp auß Spanien zů.

Küng Philipps auß Spanien reich/
Hat da jr Gsandten auch gleich.
Ain Edlen Grauen wolgeborn/
Genandt Graf Carl von hohen Zorn.

Das

Das Wappen laßt sich schawen wolη/
Es ghört der Künigin auß Poln.

Herr Dietmar gnandt von Losenstain/
Herr in der Schwend gefreyt ich main.
Gsandter der Künigin auß Poln/
Vnd jr beuelch außghrichtet woln.

Das

Das schöne Wappen wol erkandt/
Ghört dem Ertzhertzog Ferdinandt.

Ain loblicher Fürst auß Osterreich/
Inn Schwaben vnd Tyrol deßgleich.
An dem Rheyn Burgund vnd Etschland/
Ist gwesen personlich verhand.

Diß

Diß Wappen geziert also wol/
Gehört dem Ertzhertzog Carol.

Ain Fürst wirt gnandt Hertzog Carol/
Hab ich persoulich gsehen wol.
In Steyr Kerndten Krain deß geleich/
Ain Ertzhertzog zů Osterreich.

℃ Das

Das sechste Wappen in der zal/
Fürt von Augspurg der Cardinal.

Wie ich d.iiii vor hab angezaigt/
So ist die so Hochwürdigkait.
Bischoff von Augspurg in der zal/
Der zwelffen auwr ain Cardinal.

Dise

Diser Löwen lustig vnd fein/
Gehört dem Churfürsten am Rheyn.

Pfaltzgraf an dem Rheyn wol erkandt/
Hat sein Botschafft auch hin gesandt.
Fridrich von Limburg waiß ich wol/
Darumb ich jn hie nennen sol.

C ij   Der

Der Churfürst von Sachsen der fürt/
Dises Wappen so schön geziert.

Hertzog Augustus ain Churfürst/
Den allezeyt nach Ehren dürst.
Hat sein Botschafft auch hin gesandt/
Graf Günther von Schwartzenburg gnandt.

Zů Newmarckt sitzt ain Fürstin gůt/
Die dises Wappen füren thůt.

Fraw Dorothe on allen zorn/
Ain Künigin auß Dennmarckt gborn.
Ist selbs da gwest in hohen ehrn/
Vnd auch mit jr vil ander Herrn.

C iij   Bischofliche

Bischofliche Hochwürdigkait/
Von Salzburg ist diß Wappen gnaigt.

Bischoff von Saltzburg was berait/
Vnd auch mit jr Hochwürdigkait.
Vil ander Herrn Ritter vnd knecht/
Gantz wol gerüstet war nit schlecht.

Diß

Difes Wappen schaw auch hie an/
Hertzog von Gülch es füren kan.

Hertzog zů Gülch vnd Geller land/
Hat auch sein Botschafft hin gesandt.
Ott von Byland ich reden das/
Jerg von Ramberg da bey jn was.

Das

Das Wappen das also quartiert/
Hertzog von Wirtenberg es fiert.

Von Wirtenberg Hertzg Eberhart/
Von seim Herren Vatter gsandt ward.
Vnd sich da ghalten also wol/
Das ich jn billich loben sol.

Schaw

Schaw das Wappen on allen schadn/
Es fürts der Fürst Marggraf von Baden.

Der Fürst vnd Marggraf von Baden/
Hat gesandt on allen schaden.
Ain ehrlich Botschafft wol erkandt/
Herr Ulrich Langenman telgnandt.

D   Ain

Ain hoch vnd wolgeb orner Fürst/
Den allezeyt nach ehren dürst.

Bischoff zů Freysing wie gebürt/
Gehört das Wappen schön geziert.
Was selbst verhand wol zů der frist/
Des Breütgams rechter brůder ist.

Der

Der Hertzog von Florentz so reich/
Fürt difes Wappen sag ich Euch.

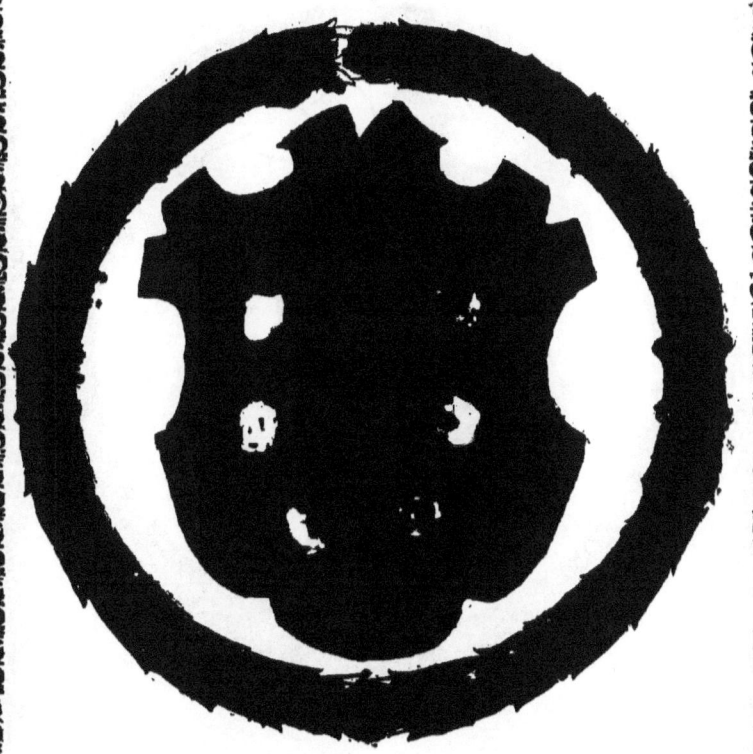

Troilus Vrsinus merck mich recht/
Ain Römer gar ain alt geschlecht.
Ward von Florentz da außgesandt/
Gen München in das Bayerland.

D ij   Dlsen

Disen Zederbaum schön vnd grien/
Fürt die loblich Statt Augspurg khien.

Die loblich Statt Augspurg im Reich/
Sandt auch jr Bottschafft also reich.
Herr Peütinger ist Er genandt/
Statthalter vnd gar wol erkandt.

Das

Das schöne Wappen rot vnd weiß/
Fürt Nürnberg mit gantzem fleiß.

Nürenberg die lobliche Statt/
Jren Gesandten auch da hatt.
Jerg Volkamair ist Ergenandt/
Ain Edler Herz vnd wol erkandt.

D iij   Hernach

Hernach so thünd gemalet stan/
Der gsandten Gesten wol gethan.

Das aller Erste in der zal/
Fürt von Augspurg der Cardinal.

Schaw

S. haw an das Wappen wol geziert/
Der Teütsche Maister es da fiert.

Die Kaiserliche Maiestet/
In auff die Hochzeyt schicken thet.

An

Ain Edler Graf von hohen Zorn/
Des ist diß Wappen außerkorn.

Der grosse König also reich/
Auß Hispania sandt jn gleich.

Hert

Herr Dietmar Freyherr zu Losnstain/
Ain Gesandter als ich vermain.

Der zarten Künigin auß Poln/
Kaiserlich Maistat Rhat waiß ich wohn.

E Churfürst

Churfürst genandt wol an dem Rheyn,
Hat gesendet sein Botschafft sein.

Ain Freyer herr von Limburg güt,
Dem dises Wappen hören thüt.

D iij

Von Schwartzenburg ain Graf so reich/
Dem höret zu diß Wappen gleich.

Hertzog Augustus wol erkandt/
An jr statt jn gen München gsandt/

E ij Herr

Ott von Byland den nenn ich wol/
Ain gsandter ich auch sagen sol.

Von Gülch vnd nach Fürstlichem sitt/
Sein Wappen mir erkandt ist niet.

Ain

Ain Fürst genandt Marggraf von Badn/
Ir Fürstlich gnad on allen schadn.

Er hat sein ehrlich Botschafft gsandt/
Ist Ulrich Langenmantel gnandt.

E iij   Troilus

Troilus Vrsinus merck mich recht/
Ain Römer gar ain alt geschlecht.

Ward von Florentz da außgesandt/
Gen München in das Bayerlandt.

Ott

Herr Peütinger zů diser frist/
Statthalter Er zů Augspurg ist.

Frum trew auffrecht weiß vnd gerecht/
Fürt dises Wappen von seim gschlecht.

Hieronymus

Hieronymus̄ ṅ Hof ghaimer Rhat,
Zů Augspurg in der bhrůmbten Statt.

Fůrt diſes Wappen alſo ſchon,
Wie man hie ſicht vor augen ſton.

Das

Das halbe Rad vnd Gilgen schon/
Gehört aim Herren wol gethon.

Jerg Volkamer ist Er genandt/
Zů Nürenberg gar wol erkandt.

F es

ES gschach vmb Osterliche zeyt/
 Das mir da ward mein hertz erfreyt.
Ich gienge in dem Aprellen/
 Spatzieren mit andern gsellen.
Auß der Statt in das grüene graß/
 Vom Morgen thaw was es noch naß.
Die Sonn scheyn her mit jrem glantz/
 Vertrib das Thaws gar vnd gantz
Vnd ward vns allen sam̃enend hauß/
 Das von vns ran der nasse schwaiß.
Wir sahen gar ain schönen Wald/
 Nach dem wir allsand eylten bald.
Vnd giengend in den Wald hinnein/
 Wichend der haussen Sonnen scheyn.
Wir kamend auff ain schöne Straß/
 Giengt durch den Wald in güter maß.
Ain Edler Herr reyt gen vns her/
 Als obs ain Commissari wer.
Er was gar alt von har vnd bart/
 Gantz weiß vnd frum̃ von rechter art/
Vnder vns ain junger Edlman/
 Rede den alten gar freündtlich an.
Vnd sprach Er solt in mercken recht/
 Er wer von gütem Edlen gschlecht.
Das hab ain Wappen lang gefürt/
 Vnd seye aber nit quartiert.
Er bat gar vnderthänigklich/
 Vnd sprach mein Herr ich mich versich.
Mein Wappen soll mir werden ziert/
 Mit schönen farben vnd quartiert.
Der alt der sprach zaig mir den ring/
 Das thet der junge held so ghring.
Bot jn dem alten auff das Roß/
 Den selben warlich nit verdroß.
Band auff sein Fellis da zů hand/
 Ain Schreibzeüg vnd Papir Er fand.
Vnd schreib gar eylendts vnd geschwind/
 Die Versß hernach geschriben sind.

                              Des

Des Alten verß.

Gott hab du lieb/   ⎫   ⎧ dich stehts neb.
In seinem wort/   ⎪   ⎪ far auch fort.
In ghrechtigkeit/   ⎬ vnd   ⎨ nit in neyd.
Hab tugent lieb/   ⎪   ⎪ niemandt btrieb.
Biß frum vñ milt/   ⎪   ⎪ niemandt schilt.
Kain stoltz nit treib/   ⎭   ⎩ hochfart meyd.

Hurey vermeyd/   ⎫   ⎧ sein weib.
Du nit beger/   ⎪   ⎪ beschwer.
Für nit groß pracht/   ⎬ Niemandts   ⎨ veracht.
Hüt dich nit lellig/   ⎪   ⎪ betreüg.
Halt trew vñ glaub   ⎪   ⎪ beraub.
Für recht dein stat/   ⎭   ⎩ verthat.

Nit sauff dich vol/   ⎫   ⎧ gfalts nit wol.
Nit krieg vnd boch/   ⎪   ⎪ ghört die rach.
Nit duck dich weiß/   ⎬ Gott   ⎨ ghört der preiß.
Nit schilt vñ flůch/   ⎪   ⎪ nit versůch.
Die Zehen bott/   ⎪   ⎪ halten sott.
Biß grecht vñ frum   ⎭   ⎩ lohnt dir drumb.

Vnd gabs dem Helden an dem ort/
   Auch redt Er zů jm dise wort.
Das seind Farben die dir gebiern/
   Vnd dir dein Wappen fast wol ziern.
Du würst auch Got vil baß gefalln/
   Dann wenn dus laßt mit farben maln.
Quartiern krümmen vnd auch biegen/
   Vnd mit Gold vnd Silber schmiegen.
Tugent das ist die höchste zier/
   In deinem Wappen glaub du mier.
Dieselben du in ehren hallt/
   Zaigt jm ain Brieff der was sehr alt.
Sprach den hab ich lang behalten/
   Drinn die Wappen vnser alten.

Des rechten Bayrischen Adel/
 Gemalt ſtan on allen tadel.
Die ſeind ainfältig vnd auch ſchlecht/
 Sy warn darbey frumb vnd gerecht.
Thů du das auch das iſt mein bitt/
 Bſchäm dich deinr vordern Wappen nit.
Ich bat den Alten alſo ſchon/
 Wolt mich die Wappen ſehen lon.
Der Alt das williglichen thet/
 Da hab ichs gſchwind abconterfet.
Die alten Wappen außerwölt/
 Vnd in ain runde Tafel gſtöllt.
Zů Ehrn dem Hochgelobten Adl/
 Im Bayerland on allen tadl.

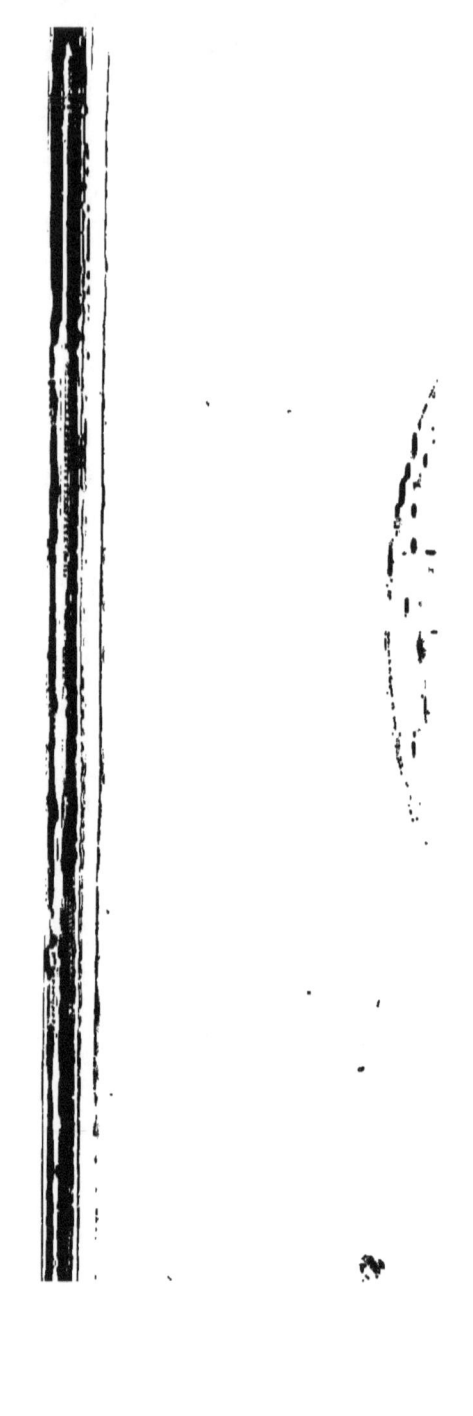

Vorred.

GRoßmächtigister Kaiser reich/
Römischer Künig deß geleich.
In Vngern vnd Behaim zů stund/
Auch in Osterreich vnd Burgund.
In Steyr Kärndtn Crain waiß ich wol/
Schlesy Merhern vnd in Tyrol.
Zů Zili Gertz ain Graf vnd Herr/
An andern orten auch vil mer.
Ewer aller Durchleüchtigkait/
Bin ich allzeyt in ghorsam bhrait.
Warmit ich Ewer Maiestett/
Gantz vnderthänigst dienen sett.
Das freüdte mich von gantzem hertz/
Es wer in schimpff oder in schertz.
So wolt ich bleiben nit dahindn/
Vnd mich allzeyt lon ghorsam findn.
Zum vnderthänigisten gleich/
Vnüberwündtlichstr Kaiser reich.
Nächstmals hab ich vrlaub gnommen/
Von Ewr Maistet vnd bin kommen.
Hinauff gen München in die Statt/
Da man vil kurtzweyl triben hat.
Daruon ich dise Verß hab dicht/
Darmit ich ja da vnderricht.
Ewr Maiestet zů diser frist/
In welcher gstalle es gschehen ist.
Wie ich sollichs hab vernommen/
Deßgleich wie ich hin sey kommen.
Das geschach so wunderbarlich/
Soll Ewer Maistet gnädigk'lich.
Ja als zumal von mir verstan/
Vnderthänigist zaig ich an.
Es gschach an ainem morgen frü/
Das ich am Bett hat gar kain rhů.
Da stůnd ich auff vnd legt mich an/
Vnd hatt ain lust spacieren gan.
Das Feld mit Schnee was überleyt/
Des ich mich doch von hertzen freüt.

J   Das

Das so schön weiß was der Wasen/
Ich hofft ðsahen Füchs vnd Hasen.
Mein Büchs nam Ich vnd auch ain Hund/
Vnd zoch von hauß zur selben stund.
Auff ain gespor kam Ich gar bald/
Nit weyt vor ainem grossen Wald.
Der Hund dem gspor nachlieff so gach/
All gmach so gieng Ich hinden nach.
Vnd kam gar tieff in Wald hinnein/
Deß ich da kam in schwäre pein.
Denn ich des Hunds vnd Hasen gspor/
Wie gnellt so tieff im Wald verlor.
Dann es vom wind was sehr vertwehet/
Im Wald hab ich mich vmbgedret.
Mich wol vmbsehen vorn vnd hinden/
Ob ich das gspor kündt wider finden.
Im Wald lieff ich hin vnd wider/
Ain mal auff das ander nider.
Ich fand weder Hasen noch Hund/
Traurig ward ich zur selben stund.
Dann ich sah auch den pfaht nicht mehr/
Der mich hat tragen also ferr.
Hinnein in Wald vnd wilden Thann/
Verschneyt was hinder mir die ban.
Im Wald so gieng ich auff vnd ab/
Vnd was mein aller gröste klag/
Das ich fand weder end noch ort.
Ich schrey wiewol mich niemandt hort.
Im selben sich ich kommen her/
Durch das Gestreyß ain grossen Beer.
Her brummen wie ain starcker Stier/
Ich hub mir an zů fürchten schier.
Dann da was warlich wenig schertz/
Ich spandt mein Büchs macht mir ain hertz.
Nach im dem Bern ich eylendts schoß/
Vnd fält das mich gar hart verdroß.
Dann ich jn mit dem Schuß erzürnt/
Das Er in zorn gen mir da stürmbt.

Er

Vorred.

Er wer mir worden wil zů schwer/
Wann ich jm nicht entlauffen wer.
Vber Stöck vnd Staudn ich hin sprang/
In zorn der Beer auff mich da trang.
Da traff ich on gefähr ain Moß/
Das was seh: lang vnd darzů groß.
Von kelte zum tail überfrorn/
Lieff dartiber der Beer in zorn.
Auff dem fůß mir nach thet jagen/
Het jn Umoß auch mögen tragen.
So wers gwesen vmb mich gschehen/
Was mein glück můß ich verjehen.
Ich sprang dahin in schneller eyl/
Denselben tag noch etlich meyl.
Gern wer ich kommen bey zeyten/
An ain ort zů frummen leüten.
Ich war seh: můd von diser raiß/
So gieng mir auß vor angst der schwaiß.
Ich dorfft mich nit setzen nider/
Wann ich wer erkaltet wider.
So wer ich leicht gwesen erfrorn/
Ich spitzt gar fleissig da mein orn.
Bedaucht wie ich hörte letiten/
Dann es was vmb bettes zeyten.
Dem thon ich da eylendts zůlieff/
Da kam ich an ain wasser tieff.
Vnd mocht nit hinüber kommen/
Bracht mir warlich klainen frommen.
Dem wasser lieff ich nach zů ruck/
Ob ich da keme zů ainr bruck.
So fand ich weder Bruck noch Steg/
Deßgleichen weder pfad noch weg.
Erst fieng mir an mein hertz erkalten/
Vnd sprach der lieb Got wöll sy walten.
Auß disem Wald kumbst du nicht mee/
Wůt hin vnd wider durch den schnee.
Durch gestreüß hecken vnd geuild/
Ich hort vnd sach gar manig Wild.

J ij   Die

Vorred

Die ich sehr forcht vnd sy mich auch/
   Im selben daucht mich wie ain rauch.
Auffgienge in dem Wald so dick/
   Nach dem selben thet ich ain blick.
Was es doch für ain rauch möcht sein/
   Mir erzitteret haut vnd bein.
Forcht mir auch sehr auß aller maß/
   Nit ferr hindan geht giwiß ain straß.
Thet ich selber zů mir sagen/
   Da Mörder vnd Bůbn acht drauff haben.
Die da beraubend ehren leüt/
   So nicht hindurch kommend bey zeyt.
Die grosse not ich vor mir sach/
   Das ich da zů mir selber sprach.
Wags recht vnd sich doch was es sey/
   Wie ich nun näher kam hinbey.
Da sach ich das ain Kolhauff was/
   Wie hoch erfreüt mich ymmer das.
Dann ich gehört hab alle zeyt/
   Die Koler seyend frumme leüt.
Vnd gieng hinzů so gantz frölich/
   So bald ich nun den Koler sich.
Trat ich zů jm vnd sprach jn an/
   Erschreckend nit mein Ehrenman.
Von mir soll Euch gschehen kain leyd/
   Ab Euch so hab ich grosse freüd.
Hab mich in dem Wald vergangen/
   Mich thůt darauß sehr verlangen.
Ich bitt gebt Ewer hilff vnd steür/
   Er sprach setz dich da zů dem feür.
Vnd fragt mich da sollicher mer/
   Wie ich zů jm dar kommen wer.
Da hůb ich an sage jm mein not/
   Er gieng bracht mir ain stücklin brot.
Vnd sprach da iß ich hab kain tisch/
   Doch hab ich noch ain pratnen visch.
Den hab ich in dem Wasser gfangen/
   Von dem du erst her bist gangen.

Denselben

Vorred.

3

Denselben will ich dir geben/
  Nit besser wirst heütt nacht gleben.
So hab ich weder Bier noch Wein/
  Wasser das ist das trancke mein.
Daſſelb das tail ich dir auch mit/
  Ich sprach zů jm es wer mein bitt.
Er wolt mir sagen on gefer/
  Wie weyt es noch zun leüten wer.
Er sprach das will ich sagen dir/
  Zwů grosser meyl das glaub du mir.
In ainen flecken vor dem Wald/
  Darnach kumbst du gen Saltzburg bald.
Da merckt ich an des Kolers sag/
  Das ich die nacht vnd auch den tag.
Gelauffen was wol zehen meyl/
  Legt mich nider vnd schlieff ain weyl.
Bey dem feür vnder ainem Baum/
  Da kam mir für in ainem traum.
Wie ich die Faßnacht wolt reuiern/
  Vnd nach wollust außgehn spatziern.
Da hab ich funden ainen pfad/
  Gantz lustig eben vnd auch ghrad.
Demselben gieng ich nach ain weyl/
  Vngefährlich ain halbe meyl.
Vnd kam für ainen Rosengart/
  Gantz lustig schön vnd darzů zart.
Der Gart der was so wol vmbheckt/
  Mit starcken klammern zamen zweckt.
Mit Wassergräben wol bewart/
  So floß auch nebend hin am Gart.
Wol zů der rechten seyt hinab/
  Ain Wasser das vil nutzes gab.
Den Garten thet es schon erquicken/
  Vnd wie ich nun darein thet blicken.
Sach ich der früchten one zal/
  Wol in dem Garten überal.
Die er so lustigklichen trůg/
  Ich kundt sy nicht erschawen gnůg.

Z iij   Da

Da wůchsend Rosen blaw vnd weiß/
Auch gel vnd rot das ich sy preiß.
Warlich sy gar lieblich schinnen/
So sach ich im Garten innen.
Gar ainen lustigklichen plan/
Vnd auch am Rosenbusch drauff stan.
Darinn ain Löw so wol gemůt/
Der hielt den Gart in gůter hůt.
Das jm laid nit solt widerfarn/
Arbait vnd fleiß thet Er nit sparn.
Tag vnd auch nacht sach Er darzů/
Das Er den Garten hielt in rhů.
So bald sich ain vngerecht bleckt/
Ward es von seinem gschray erschreckt.
Das es im Garten bleib nit lang/
Gemeltes gschray machet jm bang.
Gleich wie ain Hirt hielt Er in hůt/
Die Rosen vnd die frücht so gůt.
Auch alles das im Garten was/
Ain schöner Adler der da saß.
Neben jm zů der lincken hand/
An seiner brust ich gschriben fand.
Tugent das ist mein höchste zier/
Ich sach auch junger Löwen vier.
Gar lustig schön nit allt von jarn/
Die dem Eltern gehorsam warn.
Auch andre thier in dem Garten/
Theten auff den Löwen warten.
Was Er Sy hieß vnd auch beualh/
Warn Sy gehorsam überal.
Vnd dienndtend jm mit gantzem fleiß/
Ich sach drey Lerchen schön vnd weiß.
Fliegen aim jungen Löwen zů/
Er nams zů jm hielt Sy in rhů.
In dem Garten hab ich gsehen/
Mag ich mit der warhait jehen.
Schöne kurtzweyl vnd freüden vil/
Mit Thurnieren vnd Ritterspil.

Vorred.

4

Im Traum ich zů mir selber sprach/
Ain schönern Garten ich nye sach.
Wem er zůhorte ich gedächt/
Im selben so bin ich erwacht.
Vnd der Garten mir verschwunden/
Zů hand hab ich in widr funden.
Wie Ewer Maistet wirt vernem/
Vnd ich in ghorsam gib zuerstehn.
Den Koler bat ich in der maß.
Er wolt mich weysen auff ain straß.
Die mich da trüge auß dem Wald/
Das thet der frumme mann gar bald.
Vnd weiß mich auff die straß gar wol/
Darauff Er gen Marckt fürt sein Kol.
Die was gezaichnet durch den Wald/
Das ichs nit kundt verlieren bald.
Dem Koler dancket ich so frumb/
Vmb sein gütthat vnd lonht jm drumb.
Vnd zoch gar eylendts durch den Than/
Mir begegnet ain alter Man.
Sehr groß vnd auch von raucher art/
Ain langes Haar vnd dicken Bart.
Er redt mich an mit rauher stim̃/
Gar hart entsetzt ich mich ab jm.
So bald Er sollichs von mir sach/
Gantz freündtlich Er zů mir da sprach.
Fürchte dir nicht mein lieber fründ/
Ob wir gleich baid allain hie sind.
Von mir soll dir nichts geschehen/
In der Nacht hab ich dich gsehen.
Da du schlieffest vnder dem Baum/
Kan dir auch sagen deinen Traum.
Der dir die Nacht für ist kommen/
Den du noch nicht hast vernommen.
Wilt du ain klain weyl mit mir gehn/
So gib ich dir jn zů versehn.
Wa jr mich sollichs wölt gewern/
Sprach ich zů jm so geh ich gern.

J iiij   Da

Da hůb Er an vnd thet sehen/
  Du hast ain schönen Gartn gsehen.
Der war geziert mit gantzem fleiß/
  Mit schönen Rosen blaw vnd weiß.
So warn auch rot vnd geel darbey/
  Den Löwen Adler was es sey.
Das will ich dir als legen auß/
  Wile du mit mir haim gehn zů hauß.
Ich gieng mit jm wir kamend bald/
  Zů ainem berg gleich vor dem Wald.
Darinn Er dann sein wonung hat/
  So was darinn auch gůter rhat.
Von allerlay würtz gůte speiß/
  Satzt Er mir für nach seiner weiß.
Zů mir Er sich da nider satzt/
  Vnd hůb gar freündtlich an vnd schwatzt.
Fürwar da in der wilden Klauß/
  Den Traum gar schön mir leget auß.
Wie Er mir dann verhaissen hatt/
  Vnd sprach es ligt ain schöne Statt.
Nicht weyt von hinn ist wol bekandt/
  München also ist sy genandt.
Die ist in solcher maß verwart/
  Wie dir dann hat anzaigt der Gart.
Mit Mauren Thürn Wassergräben/
  So laufft hinnab gleich darneben.
Ain schönes Wasser allezeyt/
  Schiff vnd auch Flöß dasselbe treyt.
Der Statt es warlich nutzlich ist/
  Drauff zů faren auch das man fist.
Dise Statt ist also geziert/
  Den preiß sy noch bißher hat gfürt.
In Teütsch vnd auch im Welschem land/
  Ist wol ir schön vnd zier bekandt.
Es hat darinn vil wahr vnd waht/
  Vnd auch ain Ersam Weysen Raht.
Zwelff Burgermaister es da hat/
  Vnd auch ain Richter in der Statt.

Darmit

Darmit man ßvolck in ehren zücht/
Das seind fürwar die edlen frücht.
Die du sahest im Garten schon/
Ain Rosenbusch hast sehen ston.
Darinn ain Löw gar wolgemüt/
Der da den Garten hielt in hůt:
Vor dem vnzifer klain vnd groß/
In diser Statt da ligt ain Schloß.
Oder ain Vestin wie mans nennt/
Gantz lustig schön vnd weyt erkennt.
Darinn sitzt gar ain frummer Fürst/
Den allezeyt nach ehren dürst.
Der hochgeborne Fürst so gůt/
Helt dise Statt in gůter hůt.
Das jr thů laid nit widerfarn/
Arbait vnd fleiß thůt Er nit sparn.
Das Er verordne Recht vnd Ghricht/
Da man aim yeden vrtel spricht.
Wie dann begert Iusticia/
Dem Reichn wie dem armen ma.
Got hat jn darzů außerkorn/
Den Edlen Fürsten hochgeborn.
Vnd jm geben vil Stett vnd Land/
Das Er regieret alles sand.
Mit Gottes forcht erhalt sy frey/
Vor übermůt vnd Tiranney.
An allen orten sicht Er zů.
Das Er sein Land halte in rhů.
Gott der Herr der wöll jm geben/
Hie auff erden langes leben.
Darnach die ewig säligkait/
Die jm von anfang ist berait.
Das ist der Löw im Busch geziert/
Der Fürst im Schildt vnd Helm jn fürt.
Denn Er ist Pfaltzgraff bey dem Rheyn/
Die weiß vnd blawen Rosen sein.
Das seind die blaw vnd weissn wegken/
Die da niemandt thůnd erschrecken.

Die

Die Er mitsampt dem Löwen fürt/
   Sein Schildt vnd Helm es jm wol ziert.
Des sich ain Fürst nicht darff schamen/
   Hertzog Albrecht ist sein Namen.
Den Er in hohen ehren treyt/
   Der Adler auff der lincken seyt.
Das ist sein Gmahel außerkorn/
   Von Kaiserlichem Stam geborn.
Ir lob kan ich nit preysen gnůg/
   Die Buchstab die der Adler trůg/
Geschriben vorn an seiner brust/
   Bedeüt das Sy hat freüd vnd lust.
An demůt vnd gerechtigkeit/
   Den armen ist Sy alle zeyt.
Genädig vnd auch trillig gleich/
   Die Hochgeborne Fürstin reich.
Hat solchs von jrem Vatter gleert/
   Der der armen hat vil erneert.
Das Römisch Reich regiert Er zhand/
   Sein nam was Kaiser Ferdinand.
Ir Můter mag ich reden das/
   Ain Künigin auß Vngern was.
Der frum Kaiser Maximilion/
   Der ist jr liebster brůder schon.
Ferdinand vnd Carol deßgleich/
   Bald Ertzhertzog zů Osterreich.
Von Got begabt mit tugent groß/
   Vnd Kaiserliches stammens gnoß.
Die seind jr brüder alle drey/
   Jetzt hörst du wer der Adler sey.
Die gnädig Fürstin hochgeborn/
   Anna genandt on allen zorn.
Will ich dich vnderrichten gschwind/
   Ja wer die jungen Löwen sind.
Die dem alten gehorsam warn/
   Vnd auch schön jung nit alt von jarn.
Diß seind die jungen Fürsten gůt/
   Got wöll Sy halten in seinr hůt.

Die

Die der Löw so vnbetrogen/
Mit dem Adler hat erzogen.
Got gebe dem Fürstlichen blüt/
Sterck krafft vn̄ macht auch freüd vnd můt.
Dem feind zuthůn ain widerstand/
Vnd jrs geliebten Vatters land.
Mögen halten in ainigkait/
Dann sy zum friden seind genaigt.
Frumb auffrecht vnd vnbetrogen/
Die weissen Lerchn die da flogen.
Zů dem jungen Löwen gleich/
Ist gar ain schöne Fürstin reich.
Die man da wirt auß Luttringen/
Yetzund dem jungen Fürstn bringen.
Hertzog Wilhelmen Hochgeborn/
Hat Sy zum Gmahel außerkorn.
Von Got ist Sy jm worden bscheert/
Er hat von seinem Vatter gleert.
Wie auch sein frumme alten ehe/
Soll Er auch greiffen zů der Ehe.
Wie Christus selbst bevolhen hat/
Das vermitten werd groß vnrhat.
Dann wer die Ehe von jm hinweißt/
Vnd sich allzeyt der vnzucht fleißt.
Der kumbt zů schanden also gschwind/
Exempel ich dir hie verkünd.
Sprach da zů mir der alte man/
Zaigt mir die alte Biecher an.
Wie Got der Herr hett lon ertrincknn/
Vnd in dem wasser auch versuncknn.
Die gantze Welt zur selben zeyt/
Allain vmb jr groß vnkeüschheyt.
Die Sy mit andern Weibern triben/
Er sprach von Sodoma stät gschriben.
Wie Got sy strafft so vngeheür/
Verbrandt sy mit dem Hellschen feür.
Zwelff Fürsten sprach Er wurden ghenckt/
Deß vns die hailig schrifft gedenckt.

Gründtlich

Gründtlich vns daruon thů sagen/
  In ainer schlacht ward erschlagen.
Wol vierundzwaintzig tausent Man/
  Darnach ward das land Canaan.
Gestrafft des sy wol warend werdt/
  Vnd außgerüttet mit dem schwerdt.
Die einwoner zur selben zeyt/
  Gschach als durch jr leichtfertigkeit.
Die sy getriben hatten lang/
  Ben Jamins volck ward auch bang.
Durch des schwerts scherpffe gnommen hin/
  Wie ich dann vnderrichtet bin.
Von wegen ains Leuiten weib/
  Der sy gschmächt hattend jren leib.
Da Dauid mit der Bersabe/
  Haimlich gebrochen hat sein Ehe.
Ward jm von Got ain straff bereit/
  Die jm der Prophet Nathan seyt.
Darzů ward auch das gantze land/
  Gar hart gestrafft vmb diser schand.
Willen/müßten sy verderben/
  Vnd an der Pestilentz sterben.
Ain falsch weib btrog den Saloman/
  Das Er Abgötter bettet an.
Als Pariß Helenam entwandt/
  Menelao auß Gkriechenlandt.
Da mủßt Troya zů boden gehn/
  Vnd das gantz land zerrissen stehn.
Tarquinius Lucretiam/
  Hat gschmächt vnd jr die Ehre nam.
Ward auß gantzem Rom vertriben/
  Vnd seind der seinen weng bliben.
Zů Sparta saß Pausanias/
  Ain streitbarer Fürst er ja was.
Hat sich vergriffen můß ich jehn.
  Ist zů Constantinopel gschehn.
Ain Junckfraw er mit gwalt bezwang/
  Got kundts nicht übersehen lang.

Vnd

7

Vnd ließ dein Fürsten hungers not/
　Erkundigen den bittern todt.
Nichts halff jn da sein Fürstlich macht/
　Sein dapfferkait in mancher schlacht.
Als Er errett auß not vnd schand/
　Weib vnd kind auch sein Vatterland.
Da Er erschlug das Persisch heer/
　Vnd andre grosse thaten mer.
Das mocht jn alles helffen nicht/
　Leß man des Holofernes gschicht.
Der sich auch dahin thet geben/
　Deß ward jm gnommen sein leben.
Ja von der Judith also frumb/
　Die jn schlaffend gebracht hat vmb.
Solchs als der Hochgeborne Fürst/
　Alßsand wol waißt darumb jn dürst/
Nach der gerechten Charitas/
　Jr Fürstlich gnad on vnderlaß.
Sich fleißt Amor zů vertreiben/
　Vnd sy in dem Land nit leyden.
Jn sollicher form vnd gestallt/
　Hertzog Wilhelm der Fürst sich hallt.
Nach seines lieben Vatters that/
　Dem Er ist ghorsam frü vnd spat.
Deß wirt jn Got lassen gniessen/
　Lieber laß dich nit verdriessen.
Zeüch gen München es ghreiwt dich nit/
　Jr Fürstlich gnad hat das im sitt.
Wer jr dienet gehorsamklich/
　Belonet Sy genädigklich.
So würst auch sehen grosse freüd/
　Wie dir der Traum hat geben bscheid.
Man wirt Turnieren vnd Stechen/
　Schwerdt zůrschlahen Spieß zerbrechen.
Jch bat den alten gar freündtlich/
　Das Er da wolt berichten mich.
Der Straß deßgleichen steg vnd weg.
　Dahin da die Statt München leg.

　　　　　　　　K　　Da

Da fürt Er mich durch ainen Wald/
Ain schöne Straß zaigt Er mir bald.
Sprach laß dich darvon nit tringen/
Sy wirt dich in kurtzem bringen.
Gen München in die Fürstlich Statt/
Darnach ich dann verlangen hatt.
Ich danckt dem Alten fleissigklich/
All seiner red der freüt ich mich.
Zoch dahin mit grossen freüden/
Vber vil der schönen Heyden.
So bald ich nun die Statt ersach/
Also ich zu mir selber sprach.
Ich sach nit bald jr gleichen/
Dem Garten thüt sy vergleichen.
Wie mir der Traum an hat gezaigt/
Also was dise Statt berait.
Gieng hinein bschawt sy gar eben/
Ich sag das ich bey meim leben.
Schönere Statt auch all mein tag/
Warlichen nit gesehen hab.
In der mitt sach ich ainen plan/
Ain schön gebew auch darauff stan.
Das was geziert nach aller kunst/
Ich sprach nun wirt das nit vmb sunst.
Alhie da auff gerichtet sey/
Ich fragt ain Burger stünd darbey.
Was es da were für ain sach/
Er sach mich an vnd zu mir sprach.
Da wirt man Stechen vnd Thurniern/
Vnd auch die Ritterschafft probiern.
Der Braut zu Ehrn thet er sehen/
Sprach ich müß es baß besehen.
Ich gieng hinein wol auff die ban/
Zwu Ehren portten sach ich stan.
Die warn geziert mit gantzem fleiß/
Lustig vnd schön das ich sy preiß.
Ich hab Thurnier pän vil gsehen/
All mein tag müß ich verjehen.

Bey

Bey Fürsten Herren Grauen reich/
Warlichen kaine deß gleich.
Die Porten wern gar wol gemacht/
Das ich offt bey mir selb gedacht/
Den Maister möchtest du wol kenn/
Vnd seinen Namen hören nenn.
Der solich arbait hat gethon/
Ich kan nicht vnderwegen lon.
Den Maler muß ich loben drumb/
Ja der die Porten vmb vnd vmb.
So künstlich hat gemalt fürwar/
Als soltens da stehn etlich jar.
Der sachen muß Er sein bericht/
Vil mannlich thaten vnd geschicht.
Der Römer Hayden vnd Ghriechen/
Die man da muß warlich ziehen.
Auß den alten Histori zwar/
Das mer ist dann zway tausent jar.
Wie dieselben geschriben sind/
Vnd ich auch in der jarzal find.
Die mich noch nye hat betrogen/
Zway Wappen sach ich schön gschniogen.
Des Künigreiches von Dennmarck/
Sach ich stehn zu der rechten starck.
Ich fragt ain Herrn der selben mer/
Auß was vrsachen es da wer.
Hieher an dise Porten gstellt/
Er sprach der Braut so hoch gemelt.
Muter solt du mercken so starck/
Ist ain Künigin auß Dennmarck.
Ist ōn ja warlichen geborn/
Vnd ainem Fürsten außerkorn.
Auß Luttringen merck du eben/
Thut das Wappen kundtschafft geben.
Das da steht zu der lincken hand/
Mer andre Wappen ich auch fand.
Ain geler Löw den schawt ich gnaw/
Gar schöne Wegken weiß vnd blaw.

An des Alten red dacht ich sein/
Es wirt des Fürsten Wappen sein.
Ich sach stehn on allen schaden/
Das Fürstlich Wappen von Baden.
Ain güter freünd sagt mir daher/
Das es der alten Fürstin wer.
Das sey ain Marggräfin von Bapn/
Den armen sey ōy gar kain schadn.
Vnd hab derselben vil erneert/
Solchs hab ich von dem Burger ghört.
Ich sprach zů jn on allen spott/
Darumb so hat ōy gnad von Gott.
Das ōy in jr alten tagen/
Wolluſt vnd groß freüd thůt haben.
An jren Kindern vnd auch Stam/
Von dem man nye nichts args vernam.
Gott der Herr der wöll jr geben/
Nach diser zeyt sEirig leben.
Noch hab ich gsehen an der Port/
Gleich oben ſton an yedem ort.
Zwen Risen warend wol sormiert/
Vnd auch vom Maler schön geziert.
Gar luſtig personlich vnd klůg/
Ain schönes Paner yeder trůg.
Zů der Rechten seyt sach ich gleich/
Des hochgedachten Fürſten reich.
Farb vnd Wappen gar wol erkendt/
Löw vnd Wegken wie vor genendt.
Zur Lincken seyt sach ich mit fleiß/
Im Schilt drey Lerchen schön vnd weiß.
Wie mir der Alt anzaigt hat sein/
Můß es Luttringisch Wappen sein.
Ich můß d'Porten weyter loben/
Ich hab gsehen ringsweiß oben.
Achtzehen Fanen luſtig fliegn/
Es hab mich dañ thůn ōwetter btriegn.
Der wind der hat so sehr geweht/
Vnd ſy wol durch ainander dret.

Das

Das die farben mir verschwinnen/
Denn sy gar hoch auff den zinnen.
Seind gestanden muß ich sehen/
Wie ginellt achtzehn hab ich gsehen.
Ich sach sy an mit gantzem fleiß/
Etliche waren blaw vnd weiß.
Weiß rot vnd gel ich etlich sach/
Das seind die Rosen ich da sprach.
Die ich sach in dem Traum gar schon/
Ich hab auch gsehen wol gethon.
Ain Junckfraw die da hat ain Krantz/
In jrer hand lüstig vnd gantz.
Am höchsten auff der Porten stan.
Wer will den Krantz von jr empfahn.
Es kan niemandt jn erlangen/
Weder mit Spieß noch mit Stangen.
Will Er dann hin auffhin steigen/
Meins thails will ich hundten bleiben.
Vnd sollt ich nimmer tragen Krantz/
Mir möcht villeicht fählen die schantz.
Da sprach zů mir ain junger knecht/
Die sach verstast du hie nit recht.
Man wirt Thurniern vnd auch Stechen/
Schwert zerschlagen Spieß zerbrechen.
Wellicher spest thůt merck eben/
Ain Krantz wirt demselben geben.
Von ainer Junckfraw tugentreich/
Die ander Port die schawt ich gleich.
Die was in aller form vnd gstalle/
Der ersten gleich gemacht vnd gmalt.
Mit Fanen gniel vnd auch figaur/
Das nit verstat ain yeder Baur.
Wie ich dann vorhin hab verkündt/
In Büchern man es gschriben findt.
Die künden ain vnderrichten/
Solcher Ritterlichen gschichten.
Ich sach ain Bild das wirt erkendt/
Fürs Glück vnd die Fortuna gnendt.

K iij   Stehrt

Stehn in der höch zur selben stund/
Auff ainr Kugel denn Sglück ist rund.
Es laufft nicht nach aim yeden wölln/
Vnd hasset manchen güten gselln.
Ja so Ers gleich nit hat verschuldt/
So muß Ers leyden mit gedult.
Fortuna achtet kainr person/
Laßt Kugel gehn vnd schwingt den Fan.
Wa Sy hin laufft laßt sys gschehen/
Wie man im Thurnier wird sehen.
Denn es kan nit als gleich zügehn/
Gleich vnderthalb da sach ich stehn.
Zwen Löwen künstlich vnd auch wol/
Gemacht darumb man billich soll.
Solch arbait loben vnd preysen/
Sy bringts selb mit thüts beweysen.
Das werck das lobt den Maister sein/
Wie hie auch gschieht als ich vermein.
An disen Porten oder zier/
Daran ich mich vergafft hat schier.
In der mitte warn sy so breit/
Fünfftzehen schüch dardurch man reit.
Wann man auff den Thurnier hin zoch/
Zwerch schülchen fünfftzig warn sy hoch.
In dem zirckel gantz schön vnd rund/
Bekennen das auß meynem mund.
Das man sy kündt in alln sachen/
Warlichen nit schöner machen.
Ain ding hat ich schier vergessen/
Die Ban hab ich selbst gemessen.
Gschach vngefahr in ainem gang/
Ich fand das sy ist gwesen lang.
Hundert vnd drey vnd viertzig schritt/
Die braite hab ich gmessen mitt.
Sy ist gwesen für war nit schmal/
Fünfftzig vnd ain schritt was die zal.
Es was fürwar ain schöne Ban/
Ich hab gehört von manchem man.

Das

Das Er oy warlich all sein tag/
Schöner auch nit gesehen hab.
Verschlagne Schrancken giengen drumb/
Der flachen Seül ain grosse sum̃.
Von ainer port zur andren gstelt/
Vngfarlich hundert ich habs zelt.
Vnd ye die dritt die was am bild/
Lieblich gemalet gar nit wild.
Von ainer Saul zur andern gieng/
Schnier gantz lustigklich daran hieng.
Vil schöner früchten hin vnd her/
Lustig als obs dran gwachsen wer.
Kürbis vnd auch Pomerantzen/
Zerschnitten gold thet sein glantzen.
Seül vnd Schrancken deßgleich Zinnen/
Warn gemalet auß vnd innen.
Auch warn vier thor wol an der Ban/
Das man da auß vnd ein solt lan.
Wer etwas drin zů schaffen hatt/
Vnd lag an mitten in der Statt.
Der Brunnen zween vnbetrogen/
Ain vnden den andern oben.
Ich kan allsand nit wol erzelen/
Der tag hat mir zkurtz werden wölln.
Allsand hab ichs nit geschriben/
Vnd was mir ist überbliben.
Das wirt ain ander zaigen an/
Der es verstat vnd besser kan.
Das villeicht leichtlich mag gschehen/
Was ich weitter hab gesehen.
Das gib ich auch hie zůuerstehn/
Thet in die newe Veste gehn.
Oder Schloß mir gar vnerkendt/
Denn wie der alt mir es hat gnendt.
Wie ich bin kommen für das thor/
Sach ich Trabanten stehn darvor.
Die fragten mich wem ich zů her/
Von wann ich kem von welchem ort.

K iiij   Vnd

Vnd was ich da zů schaffen hett/
Ain antwort ich jn geben thet.
Ich kum̃ von Wien auß Osterreich/
Vom großmächtigsten Kaiser reich.
Das zaiget mein Klaidung gar ebn/
Die ōy mir hat auß gnaden gebn.
So du dann kumbst vom Kaiser her/
Gedencken wir es hab kain gfer.
Wann von dem Kaisr ain Hündlin kem/
So wers meim Herren angenem.
Also sprachen die Trabanten/
Dann vorhin ōy mich nit kandten.
Wie ich nun in Hof bin kummen/
Sach ich gar ain schönen Brunnen.
Vmb den so gieng ich hin vnd her/
Was ginacht gleich obs ain Felsen wer.
Darauß der Brunn floß lustigklich/
Vil schöner Vischen ich da sich.
Ich gieng ain Stiegen auff nit schmal/
Da kam ich in ain schönen Saal.
Der was gezieret also wol/
Das ich jn billich loben soll.
Vnd můß das thůn ja vnbetrogn/
Mit schönem Gold was er vmbzogn.
Gar schön geziert vnd wol gethan/
Das ichs nit gnůgsam loben kan.
Der Boden vnden wie ich nam̃/
War eytel gůter Marmelstain.
Den obern thet ich schawen gleich/
Das ich all mein tag so kunstreich.
Sollich arbait můß ich jehen/
Hab von kainem Maister gsehen/
Deßgleich so was er schön vergüllōt/
Ich waiß das jn gwiß niemandt schillt.
Ich sach vier Löwen von gold reich/
Die sahend schönen Leüchtern gleich.
Warn so groß das můß ich sagen/
Ich hett an aim ghebt zů tragen.

Gar

Gar schöne Sessel warn im Saal/
  Von schwartzem Sammat überal.
Ain schönen himel ich anblickt/
  Zway schöne Wappen drauff gestickt.
Bayerisch vnd auch Luttringen/
  Ich hort auß der Music singen.
In ainr Kirchen gleich darneben/
  Da man Got die Ehr thut geben.
Vber den Saal thet ich bald gehn/
  In ainen andern vnd sand stehn.
Zway Bilder schön in Marmelstain/
  Abconterfet sauber vnd rain.
Hertzog Wilhelm vnd sein Gmahel/
  Der Stain was hart gleich wie Stahel:
Darinn Sy warend gehawen/
  Fleissigklich thet ich Sy schawen.
Vnd auch ir Namen beder laß/
  Der ob inen geschriben was.
Darbey ich Sy dann hab erkaudt/
  Den Fürstn vnd Fürstin bede sand.
Den Got hat yetzt in seinem Reich/
  Darnach so bin ich kommen gleich.
Zu ainer Stiegen an der seyt/
  Da war von schönem holtz eingleyt:
Büchstaben kunstlich eingschnitten/
  Nach desselben Maisters sitten.
Ain Arbaiter der sauff vil wein/
  Muß all sein tag in armut sein:
Auch es stat alle ding in Gott/
  Es sey das leben vnd der todt.
Die Büchstaben ich also laß/
  Dann es nit anders gschriben was.
Ich gieng im Schloß da weytter fort/
  Ich sach so mänig lustig ort.
Von Sälen/ Stuben vnd Zimmer/
  Das es mich verwundert ymmer.
Ab ainer so kostlichen zier/
  Ich hatt mein selbs vergessen schier.
                              Dann

Dann ich warlichen all mein tag/
Vil Fürsten heüser gsehen hab.
Das aber wer ziert so eben/
Mit Thürn Mäurn vnd Wassergräben.
Mag ich mit der warhait jehen/
Das ich hab kaines nit gsehen.
Erst gedacht ich an meinen Traum/
Da ich schlieffe vnder dem Baum.
Vnd mir der Alt auch hatt außgleyt/
Das fand ich yetzt allsand bereyt.
Im selben ward mir auch bekant/

Hertzog Ferdinand zeücht gen Ingolstatt.

Ja wie das Hertzog Ferdinand.
Mit sampt aim wolgebornen Herrn/
Graf Ot Hainrich in grossen ehrn.
Von Schwartzenberg so tugentreich/
Herr zü hohen Landsperg deßgleich.
Zü Egenhofen vnd Wintzer/
Auch Bayrischer Landthofmaister.
Vnd darzü Hauptman vor dem Wald/
Ich zaig auch an gar manigfalt.
Vil andre Herrn auff diser raiß/
Das ich ir nam fürwar nicht waiß.
Gen Ingolstatt gezieret schan/
Vnd daselbst ja die Braut empfan.
Mitsampt ir Müter tugentreich/
Vnd andern Herren deßgeleich.
Wie sy nun den anderen tag/
Kummend in Ingolstatt ich sag.
Käme die Fürstin tugentreich/
Gefarn wol auff der Thonaw gleich.
In ainem Schiff gar schön geziert/
Wie es ainr Fürstin wol gebürt.
So bald Gschray in dStatt ist kommen/
Gen Inglstatt vnd hats vernommen.

Burgerschafft zü Ingolstatt.

Des hat die Burgerschafft sich gfreüt/
Vnd schön in Harnisch angeleyt.
Deßgleichen die Vniuersitet/
Sich da gar schön erzaigen thet.

Wie

Wie sy nun vom Schiff ist gstanden/
Da ist gwesen bald verhanden.
Der hochgedachte Graf vnd Herrn/
Vnd sy empfangn mit grosser ehrn.
In Frantzösischer Sprach so reich/
Gantz Fürstlich vnd auch tugentreich.
Das mänigklich verwundert hatt/
Vnd auch die Herrn zů Ingolstatt.
Seind gewesen vnuerdrossen/
Im Schloß vnd Statt dapfer gschossen.
Den Statthalter můß ich loben/
Er hat ghandlet vnbetrogen.
Wie jmi gebürt ich warlich sag/
Darnach wol an dem dritten tag.
Geruckt auff Pfaffenhofen zů/
Mit vilen Herrn in gůter rhů.
Da man sy auch empfangen hatt/
Wie sich gebürt ainr solchen Statt.
Darnach auff Thachaw hin gefarn/
Mit den Herren die bey jr warn.

Wolf von Merelrain. Wolff von Merelrain Ritter gůt/
Der Herr allzeyt wol handlen thůt.
Thet sich nach allen ehren kern/
Ich lob den wolgebornen Herrn.

Gerg võ Preysing Ritter/ hat die Braut auß Luttringen bracht. Weyter můß ich hie auch sagen/
Das die Braut in disen tagen.
Durch die Pfaltz gefarn ist kommen/
Vnds gschray gen Inglstatt ist komen.
Ist Hertzog Ferdinand erkendt/
Vnd Graf Ot Hainrich hochgenendt.
Auch andre Herrn von ehrn wegen/
Geritten der Braut entgegen.
Da der Graff das best hat gethon/
Mit seiner Sprach sich brauchen lon.
Frantzösisch wie dann vor gehört/
Vnd jr gnad in Franckreich gelert.
Vnd darmit ghandlet also wol/
Das ich jn billich loben soll. Wiewol

Wiewol Ers von mir nit hat bgert/
 So soll ichs thůn Er ist sy werdt.
Nun will ich fůrbaß zaigen an/
 Wie man nun zů der Statt ist kan.
Hůb man an schiessen vngeheůr/
 Auß den Büchsen bran da das feůr.
Statthalter Burgermaister Rhat/
 Můß ich preysen von Ingolstatt.
Dann sy hond thon wie ehrlich leüt/
 Vnd wol gehandelt zů der zeyt.
Deß sy billich sollen gniessen/
 Sich warlich nichts lon verdriessen.
Deßgleich die Vniuersitet/
 Gleich wie zůuor wol halten thet.
Das ich sy preiß vnd darnach sag/
 Gleich morgen des den nächsten tag.
Billich so soll anzaigen ich/
 Hat Graff Ott Hainrich tugentrich.
Von Schwartzenberg der Edel heldt/
 Die Braut die ich hab hoch gemeldt.
Gen Thachaw bracht in grossen ehrn/
 Thet sich darnach nach München kern.
Wiewol der weg was drey teutsch meyl/
 Ist Er sy gfarn in schneller eyl.
Den nächsten in die Newen Vest/
 Vnd angezaigt die werden Gest.
Des freüdt sich da der junge Heldt/
 Hertzog Wilhelm vor hochgemeldt.
Saß auff ain Gutschn wie ich vernim̃/
 Gen Thachaw zů stůnd jm sein sin.
Thet all sach da wol versehen/
 Das den Gesten ehr solt gschehen.
Darnach gefarn widerumb heim/
 In die New Vest als ich vermein.
Das ist gestanden wie ich sag/
 Biß an ain vnd zwaintzigsten tag.
Da ist Graff Ott Hainrich beuolhn/
 Jr gnad söll die Braut z Thachaw holn
                                Sollichs

Sollichs jr gnaden hatt gethon/
Vnd wie beuolhen außghricht schon.
Darbey will ich es lassn bleiben/
Von andern sachn will ich schreiben.

Ertzhertzogs Ferdinands einritt.

Was sich weitter verlauffen hatt/
Ich gieng widerumb inn die Statt.
Vnd hort ain red die gfiel mir wol/
Es kem yetzunder auß Tyrol.
Ain Fürst der wer so tugentreich/
Vnd Ertzhertzog inn Osterreich.
Ferdinand hört ich jn nennen/
Sprach ich möcht jr Durchleücht kennen.
Dann ich von disem Fürsten hab/
Vil Ehren ghört alle mein tag.
Das Er sey sänfftmütig vnd frum/
So ich hör das jr Durchleücht kum.
So will ich mich deß vertwegen.
Vnd jr Durchleücht gehn entgegen.
Gieng auß der Statt vnd nam sy war/
Da sach ich gar ain grosse schar.
Grafen Ritter vnd Edelleüt/
Des ich mich da von hertzen freüdt.
Das jr Durchleücht so tugentreich/
Mit sampt den andern Herren gleich.
Daher reit nach Fürstlicher art/
Fürstlich Er auch empfangen ward.
Von seinem Schwager vnd Schwester/
Ich freüt mich ye lengr vnd vester.
Dann solche Fürstliche sachen/
Thünd vil menschen frölich machen.
Es geneüßt sich auch alle zeit/
Die diener vnd die handtwercks leüt.
Die man nützt zü solchen sachen/
Vor freüd hüb ich an zü lachen.
Sprach die Herrn möcht ich wol kennen.
Hören mit jrn Namen nennen.
Vnd wie starck auch ain yeder ritt/
Das kundt ich aber wissen nitt.

L   Da

Da kam zů mir ain alter man/
Er sprach er wolt mir zaigen an.
Solt geschehen on allen schad/
Jr durchleücht vnd auch Fürstlich gnad.
Mit sampt der zwelff Edlen Knaben/
Jrm Hofmaister můß ich sagen.
Preceptor vnd ander vil mehr/
Die da ritten inn disem Heer.
Auß jr Fürstlich Durchleücht Marsta/
Vier vnd sechtzig pferdt ist die zal.
Der Graf vom Thurn gar wol erkandt/
Herr Frantz also ist er genandt.
Der yetzunder zů diser frist/
Fürstlich Durchleücht Hofmaister ist.
Jr Durchleücht Marschalck ken ich wol
Darumb ich dir jn nennen soll.
Herr Niclas zů Polweil Freyherr/
Jr Durchleücht Obrister Camerer.
Graf Aliofo zů Lodron/
Vier hof Cantzler zaig ich auch an.
Gehaimer Rath ich sag kain mehr/
Genandt Herr Johann Wellinger.
Zů Schneberg vnd auff Vachingen/
Auf Schargast magst auch wol vernen.
Herr Jerg Poppel solt glauben mir/
Von Lobenwitz das sag ich dir.
Verwalter Er zů diser frist/
Deß Obristen Stallmaister ist.
Hof Camer Rath sag ich dir gleich/
Genandt Erasmus Haydenreich.
Ain Herr von Bideneck genandt/
Die Hofräth seind mir wol erkandt.
Dir nenn ichs nach ainander her/
Herr Anthoni Schrottenberger.
Herr Peter zů Radliff ich main/
Vnd Graf Schweigkhart von Helffenstain.
Deßgleichen ain Herr von Schönach/
Vnd ander mehr: Er zů mir sprach.
Herr Anthoni vnd auch Freyherr/
Zů Castelwart vnd auch noch mehr. Zů

Zů Agriſt ich ſag dir kain mehr/
Vnd auch Cryſtoff Ferenberger.
Chamerherrn. Fünff Chamerherzen ſag ich dir/
Will dirs all nennen gläub du mir.
Julius de Riuo wol erkandt/
Ambroſy Freyherr vom Thurn gnandt.
Herr Fridrich von Ridlitz ſag ich.
Wolff Freyherr von Eytzing ich ſich.
Herr Hans Freyherr von Welſperg ſind/
Cainerherzen ſy allſand ſind.
Caſpar Freyherr zů Wolckenſtain/
Stäbelmaiſter vnd Räth ich main.
Mundſchän- Die Mundſchencken waiß ich auch wol/
cken. Graf Jeronimus von Nagrol.
Herr Friderich ainr genennt iſt/
Freyherr zů Caſtlwarth vnd Agriſt.
Herr Ferdinand genandt Lautſchon/
Weitter will ich dich wiſſen lon.
Ain Edler Herr gnendt Paul Rantzan/
Weitter ſolleu von mir verſtan.
Fürſtlicher Durchleucht will ich nen/
Fürſchneyder. Fürſchneider dann ich ony wol ken.
Herr Wentzel genandt Nagariſch/
Auch ander Herren gſund vnd friſch.
Hans Friderich von Landeck ſchon/
Von Knobelßdorff Maxmilion.
Peter von Gräfenſee ich will/
Dir ander Herren nennen vil.
Die ir Fürſtlich Durchleüchtigkait/
Herrn vñ Adel Auß Schwaben her in ghorſamkait.
auß Schwabē. Kommen ſeind vnd ich wol kennen/
Souil ich waiß will ich nennen.
Graf Carl der alt von Zollern gnandt/
Graf Hainrich von Lupffen wol erkandt.
Graf Vlrich zů Müntfort ich kenn/
Herr Jacob Erbtruchſeß ich nenn.
Herr Fridrich Erbtruchſes mit ehm/
Graf Wilhelmus Herr zů Jnnern.

L ij   Graf

Graf Wolff von Oeting also reich/
Herr Hans von Rechberg deß geleich.
Herr Jerg von Fronsperg sich wol hellt/
   Seim Vatter nach dermaß ain Held.
Herr Cunradt von Bümblberg sag ich/
   Herr Christoff Böli ich auch sich.
Graf Albrecht von Sultz ich mein/
   Vnd auch ain Herr von Rapoltstein.
Ain junger Graf von Ewigen/
   Weitter gib ich dir zů versten.

Die Ritterschafft auß Tyrol.

Die Ritterschafft auß gantz Tyrol/
   Darauff so magstu mercken wol.
Graf Christoff von Arch ich wol waiß/
   Graf Hainrich von Arch inn der raiß.
Graf Felix von Lodron ich main/
   Vnd Graf Hamrich von Kuttenstain.
Georg Freyherr zů Firneam/
   Caspar Freyherr von Spaur der Stam.
Herr Johans Kühn zů diser frist/
   Christoff Freyherr zů Welsperg ist.
Marximilian Fugger on spot/
   Christoff Moritz von Felß gnant Ott.
Hans Jacob ain Freyherr zů Spaur/
   Bernhart Rungel zů diser Aur.
Ist eingeritten vnd Freyherrn/
   Graf Sebastian Schlick inn Ehrn.
Nieher inn dise Statt auch kumpt/
   Herr Ernst von Schleinitz sich nit sumt.
Victor vom Thurn nim eben war/
   Hans Jacob Remer kumbt auch har.
Reinbrecht Handel ich auch vermain/
   Bartholome von Liechtenstain.
Vnd auch Hans Hainrich von Brandiß/
   Christoff von Munteney gewiß.
Freyherr zů Spaur Herr Andere/
   Christoff Botsch vnd auch ander mehr.
Hans Botsch soll auch werden genendt/
   Marx Lang von Wellenburg erkendt.
                Francisck

Franciße von Trautmanßdorff ich nenn/
Vnd Ferdinand von Gloß ich kenn.
Carol Khun hab ich vernommen/
Selb fünfft werd Er gritten kommen.
Das seind die Grauen Freyen Herrn/
Die allsand seind kommen in rhm.
Zů ir Fürstlich durchleüchtigkait/
Seind jr auch all in ghorsam ghalgt.
Es seind auch ander Herren vil/
Die ich dir ytzund nennen will.
Vnd der Herren stand seind gemeß/
Vnd ir Fürstlich durchleücht Truchseß.
Herr Hans vnd Erbtruchseß zur stund/
Herr Tänzel genandt Herr Sigmund.
Joachim von Bonnenwitz gnandt/
Hans Malowitz vnd auch erkändt.
Melchior von Welßburg darby/
Herr Behußla Kirifinßki.
Von Stauffenberg Herr Wilhelm Schenck/
Albrecht Pitopetzght ich denck.
Herr Herdtwig Seydlitz von Schönfeld/
Hans Anthoni von Morberg gmeldt.
Hans von Regnspurg ich nennen will/
Vnd ander Herrn vnd Edlen vil.

Herren vom Adel/die nit ämpter habē.

Ir Namen ich dir will sagen/
Ob sy gleich nit ämpter haben.
Hans Jacob ist der erst genandt/
Freyherr zů Spaur vnd wol erkandt.
Melcher Freyherr zů Wolckenstain/
Auch ander Herren ich vermain.
Hainricus Potzepitzki gwiß/
Herr Leonel de Bring nolis.
Ernst von Reichenberg dermaß/
Hans Anthoni Hieremias.
Michel Hainrich von Pairsperg fein/
Regir ain Herr von Vormattein.
Christoff von Waldenhofen schon/
Paul Prackh will ich dich wissen lon.

E iij   Auch

Auch herr Oswald von Wolckenstain/
Herr Hans von Kanach ich auch main.
Christoff Etzlabelitzki von Taun/
Paul Herr von Trilach auch ich main.
Hauptman Lienhart Recardio/
Jerg Welser nenn ich auch dir do.
Von Annenberg Herr Anthoni gnande/
Vnd noch vil Herren mir erkandt.
Herr Vlrich Spet er zů mir sprach/
Bernhardt Schad von mittel Bibrach.
Jeronymus auch wol erkandt/
Von Gereltzeck ist er genandt.
Hans Frölich solt du glauben mier/
Doctor der Ertzney seind jr vier.
700 Von mir so hab also für gůt/
Ich danckket jm doch ab mein hůt.
Das er mir souil hatt anzaigt/
Er sprach ich bin dir weitter gnaigt.
Wenn der Cardinal reittet ein/
So will ich dir auch bhilfflich sein.
Darnach ain Mittwoch vor dem mal/
Kam von Augspurg der Cardinal.

Cardinals eintritt.

Mit vilen Herrn Ritter vnd Knecht/
Hab ich die sach verstanden recht.
In aigner Person wol erkandt/
Von Bäpstlicher hayligkait gsandt.
Ich kam darzů da eben gleich/
Vnd sach den Herren tugentreich.
Gar freündtlich Er da vmb sich sach/
Ir Fürstlich Hochwürd ich da sprach.
Hat warlichen kain hochfart nit/
Wie es dann in der welt ist sitt.
Sy ist frumb vnd auch tugenthafft/
Auch alle jre Ritterschafft.
Der mir erclich wurden erkandt/
Vnd auch von Ehrnleütten genandt.
Ir hochwürd Marschalck kenn ich wol/
Darumb ich jn hie nennen soll.

Vnd

Vnd auch jtren Herrenwol erkandt/
Von Künigßeck seind sy genandt.
Herr Marquart vnd Herr Vlrich ist/
Wie mir anzaigt ain Thumherr ist.
Herr von Stauffen sach ich so reich/
Herr Adam ist Thumherr deßgleich.
Jr durchleücht Statthalter ich sich/
Pfleger von Rottenberg sach ich.
Jr Hochwürd Doctor vnd Medicus/
Der Haußpfleger bleibt auch nit vs.
Sunst Vogt vnd Pfleger wie ich main/
Von Pfaffenhausen vnd Hornstain.
Zů Donnenburg vnd Bobingen/
Jr namen kan ich nit rernen.
Philippus vnd Diepoldt vom Stain/
Leütkircher gnandt als ich vermain.
Bruno von Hornstain Rindrsbach/
Ander Herren ich auch wol sach.
Hardenst Löwenberg vnd Welden/
Hornstain Jardorffer thůn ich nennen.
Von Sturm von Hausen Wolf Vetter/
Schliderer vnd Westerstetter.
Jch nenn Balthauser Barenßky/
Vier Edel Knaben auch darby.
Jr Preceptor vnd Herr Hainrich/
Herr Benedict Jörg Stainbiech sich.
Caspar Leiuckhr ich nennen will/
Es seind jr auch sunst gwesen vil.
Hofgesind vom Adel vnd knecht/
Das ich jr Namen waiß nit recht.
Die Pferd thet ich da zelen all/
Vier vnd hundert was da die zal.   104
Darneben hab ich auch vernommen/
Graf Wilhelm von Zimmern soll kommen.
Darneben thet man mir sagen/
Das da kommen zwen Burgwagen.
Herr Gubernator kum in ain/
Auch Herr Jerg Müller ich vermain.
L iiij   Vnd

Vnd auch ander Wägen vil mer/
Die auch mit fürend in dem heer.
Fußgesind hab ich auch gezelt/
Nicht mehr dann neün/wann es nit felt.

Ertzhertzogs Carls einritt.

Ewer Maiestat ghorsambst sag/
Freytages den mornigen tag.
Hör ich trummeten her trummen/
Da ist Ertzhertzog Carl kummen.
Das volck lieff hin wol zü dem thor/
Da twas jr Durchleüeht gleich daruor.
Da kam der alte zü der frist/
Vnd sprach so vil mir müglich ist.
Will ich dir geben zü verston/
Wie man es mich hat wissen lon.
Hat jr Fürstlich Durchleüchtigkait/
Leibpferd die seind so schön berait.
Vil Kamertwägen klain vnd groß/
Ausser der andern Wagen roß.
Wol fünff vnd sechtzig ist die zal/
Wie starck die Herren dises mal.
Kummend geritten on gefahr/
Will ich dir machen offenbar.
Caspar von Velß Rhat vnd Freyherr/
Jr Durchleüche obrister Camerer.
Carl Ludwig Herr von Zelting gnendt/
An jr Durchleücht hof wol erkendt.
Rhat vnd obrister Stallmaister/
Gehaimer Rhat vnd Camerer.
Caspar Preüner Freyherr erkendt/
Gehaimer Rhat Hof President.
So gib ich dir auch hie zverstehn/
Rhat vnd Landtshauptman in Kärndten.
Gehaimer Rhat vnd wol erkandt/
Jerg Kheuenhüller er genandt.
Freyherr vnd auch gar ehrenreich/
Herr Hans Georg Morwat deßgleich.
Zü Parttendorff sein Namen stat/
In der Hof Camer ist Er Rhat.

Von

Von Thornberg Maximilion/
  Hofrath so thůt sein namen stion.
Herr Hans Cowentzel von Proßge/
  Gehaimer Hof Secretare.
Rath vnd auch Comentur ich main/
  Anthoni Freyherr Werberstain.
Guardi Hauptman vnd auch ain Raht/
  Sein nam allso geschriben staht.
Herr Hans Victor von Stambs zur frist/
  Rath vnd auch Stdbelmaister ist.
Wolff Herr von Stubenberg sag euch/
  Ehrnfrid Graf zů Ortenburg reich.
Pangratz von Windisch Grätz Freyherr/
  Moritz vom Thurn gefreyt auch Er.
Matheis Hofer ich nennen darff/
  Deßgleichen Ott von Ratmanßdorff.
Lienhart von Kreitzach ist gehelir/
  Jacob von Gleich ist kommen theür.
Georg von Colaus gnandt Watzler/
  Verwalter Stallmaistr ampts ist Er.
Jacobus Zäch ain Edler Herr/
  Andre Wallesch vnd ander mehr.
Daniel Khůn nenn ich zur stund.
  Römer ó Maresch Christoff Sigmund.
Ir gnaden jetzt zů diser frist/
  Ain Commentur zů Meülberg ist.
Georg Graf zů Mirn kenn ich wol/
  Vnd auch Georg Graf zů Nagrol.
Růprecht Freyherr zů Herberstain/
  Fridrich von Fuchssenberg ich main.
Maximilian Schrottenbach/
  Auch ander Herrn ich da wol sach.
Joseph von Khunach ich dir sag/
  Herr vnd Comentur zů Suntag.
Ludwig vom Thurn Freyherr ist Er/
  Ferdinandus genandt Watzler.
Von Collaus gar ain Edler Herr/
  Falckenmaister ich sag dir mehr.
                          Bartholomeus

Bartholomeus Keuenhiller/
Wie obgenandt Sy seind Freyherr.
Christoff Contzin der kumbt auch schnell/
Ich will dir nennen Wolff Zwickel.
Johann Hainrich Herr von Brandis/
Gabriel von Collenisch gwis.
Gottfrid Prettner Freyherr ich nenn/
Hainrich Zobel den ich wol kenn.
Zipson genandt Formatin/
Nun merck wer die Truchsässen sin.

Truchsässen.
Zwen Herren seind mir wol erkandt/
Bed Freyherren zů Vetß genandt.
Christoff Moutz so haißt der ain/
Carol der ander wie ich main.
Philipp Herr von Lamberg so gůt/
Caspar Rebintzki wol gemůt.
Herr Jbolit gnandt Neŭoland/
Sigmundus Weltzer sich ich zhand.
Cunradt von Thanhausen ain Herrn/
Albrecht Beißstain ja auch in ehrn.
Jacob Rösch Pfenningmaister war/
Johann Baptista Leonbär.
Quattier vnd Postmaister Er ist/
Jacob Geyßberg zů diser frist.
Durchleücht Hof Cantalor ist Er/
Merck vnder Silber Camerer.
Hans Naudacher wirt Er genandt/
Adam Gabelhofer erkandt.
Auff der Camer so dient er wol/
Das ich jn billich loben soll.

Die Landleüt.
Die Landleüt ich auch nennen will/
Gantz wol gerüst vnd jrn vil.
Georg Freyherr zů Herberstain/
Růprecht von Gleinitz ich auch main.
Wilhelm von Ernaw sicherlich/
Andre Benus fürwar ich sprich.
Zwen Freyherrn sich ich hie zůhandt/
Hans von Aursperg ainer genandt.

Jerg

18

Jerg Lamberg der ander genendt/
Noch seind jr zwen gar wol erkendt.
Ich nenne dir Bernhardt Nadler/
Vnd auch Erasmus Stadler.
Von Lamberg Maximilian/
Auff mich so soltu mercken schau.
Ich nenn Seyfrid von Dietrichstain/
Mögend wol kommen als ich main.
Von Halleneckh Herr Friderich/
Christoff von Eckenberg ich sich.
Seyfrid Leyninger Victor Weltzer.
So seind jr mehr auch kummen her.
Georg von Sigelsdorff bekandt/
Lorentz von Landert genandt.
Von Himelberg Hans Lienhart gnandt/
Cosman Rauber Jerg Barbo shandt.
Ich nenn Moritz von Dietrichstein/
Herr Haus Georg von Greiffen fein.
Hoffen ich Sy werden kummen/
Noch hab ich Sy nit vernummen.
Das ist bestelltes Hofgesind/
Herrn vom Adel ich dir verkünd.
Wiewol Sy nit ämpter haben/
Will ich dir jr Namen sagen.
So lug vnd sich gar eben drauff/
Vnd das dus fleissig schreibest auff.
Michel Zegkel Freyherr glaub mir/
Hans Gillis will ich nennen dir.
Von Reyenburg herr Hans Rupprecht/
Martzo Coloredo merck recht.
Georg Geller versaumbt gar nichts/
Hans Joseph genandt Linckenwitsch.
Helffrich Preüner Freyherr ich main/
Vnd ain Edler Herr von Bernstain.
Furio Maltza verstahn ichs wol/
Jacob von Küttenhofen soll.
Nennen vnd auch herr Hans Saurman/
Weitters so soltu mich verstahn.

Herren vō Adel
die nit ämpter
haben.

Andre

Andre Newhauser den kenn ich/
Ulrich Zernitz den ich auch sich.
Ich nenn auch Wolfgang Schnitzenbaum/
Ich waiß nit ob er kumbt drumb schaw.
Wolffgang Fetzl auch hie vermain/
Und auch Johans von Dietrichstain.
Deßgleichen Bernhart von Quadran.
Curquinus Fonnenbain auch schau.
Dauidt Hegerer ich auch sprich/
Ferdinand Henland wol sich.
Hans Jacob Emser ist auch da/
Und Alexander von Bera.
Ja ain Quardi war da zü Reß/
Es wärn Hiritschier seind reittes gnoß.
Wie gfallens dir vnd mich ansach/
Warlich gantz wol ich zü jm sprach.
Ain gwaltiger Fürst muß das sein/
Red ich wol auff die trewe mein.
Das es mich wundert also sehr/
Welches da sey das grösser heer.
Der zwayen b.rder wißt ich gern/
Mägst wol erfarn wils nit enebern.
Wieuil der pferdten magst wol fragn/
Deßgleichen muest du auch acht habn.
In Wägen Gutschen vberal/
So würst finden ain grosse zal.
Dann yetzunder wend wirs nit zeln/
Darumb wirs lassen bleiben wölln.
Und wölln ordenlich schawen fein/
Ja wa die Herren kerend ein.
Dann ich dich deß berichten will/
Es kommend noch grosser Herrn vil.
Aber kainer mehr der geleich/
Seind Ertzhertzog zü Österreich.
Von Kayserlichem stam geborn/
Kummen hieher on allen zorn.
Hertzogen Albrechten zü Ehrn/
Ist diser Statt vnd Landes ain Herrn.
                                    Hertzog

Hertzog Wilhelm gibt Er zur Ehe/
Wie du ain Fürstin ghört hast ehe.
Es werdn ain Gottwil die frummen/
Sich fröwen wenn sy schn kummen.
Gleich auff den selbigen Aben/
Sach ich zwen Herrn muß ich loben.
Auß Gülch so warn Sy her gesandt/
Ir nam ward mir auch da bekandt.
Ott von Biland laßt sich kennen/
Jerg von Ramberg hort ich nennen.
Kummen seind sy gar wol geziert/
Wie es sich jnen dann gebürt.
Gleich wol auff den Morgenden tag/
Der Fürst von Wirttenberg ich sag.

Hertzog Eberharts eintrit.

Hertzog Eberhardt ist Er gnandt/
Von seinem lieben Vatter gsandt.
Mit sambt jr gnaden Hofgesind/
Vier Edel knaben ich da find.
Hans Stick Hofmaister Littawer/
Eberhart Karpff vnd Dauid Ecker.
Christoff von Bretto vnd Wendl Vol/
Bedsand hab ich gesehen wol.
Ain Medicus de Josua/
Hans Rot von Pfirdzaig ich auch an.
Sittig Hofmarschalck Berltbs gnandt/
Jacob von Hoheneck erkandt.
Erasmus Loinger zü hand/
Jordan Jegermaister verstand.
Ashelm Leypzig vnd Otte a Pflug/
Niclaus Darustat red ich mit fug.
Jerg Dachßberger vnd Cunrad Thum/
Wolff Awer vnd Hirschhorn so frum.
Wilibaldus gnandt Vrmiller/
Vnd auch Samuel Reisacher.
Hans Jerg Badiman vnd Jmperger/
Ainspennig kamen auch daher.
Junawitz Jelitz vnd Ochßustern/
Braitnbach vnd Aurbach sich ich gern.

N   Das

Das seind Junckern merck du recht/
Auch viertzehen Ainspennig knecht.
Kuchinmaister Kuchinschreiber/
Koch Keller Silber Kamerer/
Liecht Kamerer vnd auch Furter/
Rüstmaister vnd Trummeter schier.
Graf Wolff von Hollach nennen sol/
Graf Eberhart von Hollach wol.
Graf Jerg von Tübingen ich main/
Vnd auch Graf Wolff von Lochenstain
Graf Hainrich von Castel genandt/
Gotfrid vō Limpurg auch erkandt.
Zwen Schencken von Limpurg ich nenn/
Hainrich vnd Hans ich baid sand kenn.
Wilhelm herr von Haydeck nenn ich/
Bernhart Rot den ich auch wol sich.
Ain herr nisch ich wirt Vlmer gnandt/
Hainrich herr von Merspurg erkandt.
Beruhart von Stain den kenn ich wol/
Küntz von Welsperg ich nennen sol.
Wolff von Harten ich wissen sett/
Deßgleichen auch Wolf von Dierstett.
Hans vom Stammen den ich wol waiß/
Ehrenfrid Sanfft auff diser raiß.
Hans Goler wirt von mir auch gmeldt/
Vnd auch Christoff von Tegerfeldt.
Zwen Herrn von Thun neñ ich dir gleich/
Cunradus vnd auch Fridereich.
Hans Ludwig Spät thün ich nennen.
N. Sturmfeder thün ich kennen.
Zwen von Kaltenthal auff diser fart/
Ich nenn sy Caspar vnd Reynhart.
Melchor Ludwig vom Newenhauß/
Christoff von Dolhaim ghritten auß.
Fridrich von Nippenburg ich main/
Vnd auch Bernhart von Libenstain.
Wolff von Kuttenberg ich wol sach/
Vnd auch ainen von Nassenbach.

Herr

Herr Ludwig von Neirenhausen/
Am Nothafft laßt jm nit grausen.
Ich sach Christoff von Vehigen/
Philipp den soll man auch vernen.
Von Vehigen vnd Wolgemüt/
Hans Georg von Fronberg so güt.
Ich nenn auch Doctor Josua/
So ist der Secretari da.
Ir seind nit mehr muß ich jehen/
Ich hab dann etlich vbersehen.
Am Freytag nach mittages zeit/
Kam die Fürstlich Hochwürdigkeit.

Bischoffs von Saltzburgs eintritt.

Bischoff von Saltzburg Hochgeborn/
Mit vilen Herren auß erkorn.
Herr Thumbdechant Herr Fugger gleich/
Herr Landtshauptman Herr Cantzler reich.
Herr Sigmund von Lamberg ich sach/
Vnd den Herrn Marschalck gleich hernach.
Hans Wolfart Vbereckr selb dritt/
Georg von Khienburg nenn ich mitt.
Caspar Bamner sahe ich wol/
Carl Frölich ich auch nennen sol.
Hans Panhier Doctor Melchior/
Wilibaldus von Haunsperg vor.
Ain von Lamberg hab ich gsehen/
Ain von Hausen muß ich jehen.
Christoff Weytmoser ich wol kenn/
Ainer von Lassern ich auch nenn.
Chamerschreiber vnd Stallmaister/
Christoff Khün vnd ain Preysinger/
Ain Stainhauff vnd Emsidel wol/
Wie ich vermain auch kummen sol.
Vberäckher vnd ain Caplan/
Ain von Alspurg so wol gethan.
Reyneter wirt auch kummen her/
Von Höß der Silber Chamerer.
Kuchenmaister vnd Schneck Furier/
Vnd Ainspennig knecht seind jr vier.

N ij Trummeter

Trummeter Schmid vnd Hofgsind vil/
　Das ich hie nit erzelen will.
Also seind geritten kummen/
　Ist gwesen inn ainer summen.
So ich soll die warhait jehen/
　Hundert vnd darzů sechzehen.
Es ist gleich auff den selben tag/
　Die Pollnisch Bottschafft wie ich sag.

*Polnische bot-
schafft.*

Auch kummen vnd geritten ein/
　Herr Dietmair gnandt von Losenstein.
Ain Freyherr vnd darzů auch Rhat/
　Der Kaiserlichen Maiestat.
In Osterreich gar wol erkandt/
　Mit sampt sein Sun herr Bernhart gnandt.
Mit vier vnd zwaintzig schöner pferde/
　In grossen ehrn der Er ist werdt.
Ich lob den Herren also schon/
　Dann Er hat mir vil gůts gethon.
Auch ander Herrn seind ghritten mit/
　Der will ich auch vergessen nit.
Herr Asmus von Storchenberg gůt/
　Jung Sigmund Schiffer wol gemůt.
Von Zintzerßdorff ain Herr genandt/
　Alexander vnd mir erkandt.
Junger herren so seind es drey/
　Von gůtem Stam nit stoltz darbey.
Wie es dann etwan wol geschicht/
　Weitter so bin ich vnderricht.

*Sächsische
botschafft.*

Des Hertzog Augustus Churfürst/
　Den allezeyt nach ehren dürst.
Sein gesandten seyend kummen/
　Bey dem Namen auch vernummen.
Graf Günther ward Er da genandt/
　Von Schwartzenburg vnd wol erkandt.
Mit viertzig pferden ghritten ein/
　Laß nurs ain ehrlich bottschafft sein.

*Haydelbergs
botschafft.*

Churfürst von Haydelberg reyt ein/
　Selbs nit aber die Botschafft sein.
　　　　　　　　　　Schön

21

Schön geziert ordenlich vnd wol/
Sy billich ich auch loben soll.
Darmit Sy dest besser werd erkandt/
Herr Fridrich von Limpurg genandt.

Botschafft von Baden. Die Fürstlich Bottschafft von Baden/
Reit auch ein on allen schaden.
Herr Langenmantel ward Sy gnandt/
Sonst wer Sy mir gar vnerkandt.
Müß Ewr Maiestet bekennen/

Botschafft von Florentz. Florentzisch Bottschafft hört ich nennen.
Troslus Vrsinus genandt wurdt/
Sein gschlecht das ist vor Christi geburt.
Gewesen ist warlich kain mehr/
Vnd kumbt wol von den Römern her.

Augspurg vnd Nürnberg gesandten. Augspurg vnd Nürnberg gesandte/
Ward gleich den selben tag verhandt.
Statthalter Pelitinger genendt/
Zu Augspurg ist Er wol erkendt.
Von Nürnberg Jerg Volckhamar/
Desselben tags ist kommen dar.

Hispanische botschafft. Hispanisch Bottschafft ist nit gmelt/
Graf Carl von Zollern ward erwölt.
Ich preiß den Herren vnbeschwerdt/
Er hats beschuldt vnd ist sy werdt.
Ir gnad hat sich auch brauchen lon/
Wie Ewr Maiestet noch soll verston.
In dem gedicht oder schreiben/
Netzund will ichs lassen bleiben.
Vnd Ewr Maiestet zaigen an/
Wie man thon hat die Braut empfan.
Wie das gschray inn d'Statt kam zhand/
Es wer die Braut schon auff dem Land.
Da rüst sich Fürsten Herrn vnd Knecht/
Zum aller besten vnd nit schlecht.
Deßgleich die Burger inn der Statt/
Von aim Ersamen Weysen Raht.
Verordnet Hauptleüt vnd Fendrich gůt/
Zugen hinauß mit freyem můt.

N iij   Mit

Braut wagen.

Mit den Fürsten so tugentrich/
Am Wagen hab gesehen ich.
Ich kan nicht vnderwegen lan/
Sein schön vnd zier zů zaigen an.
Die Maister die jn haben gmacht/
Seind lobens werdt hab ich gedacht.
Dann Sy jr kunst schön dran probiert/
Vnd jn mit jrer arbait ziert.
Der Wagnr hat nichts übersehen/
Der Bildschnitzer můß ich sehen.
Der Schmid hat auch sein bests gethon/
Den Maler ich vnglobt nit lon.
Den Riemer Goldschmid vnd Schneyder/
Vnd auch andre Handtwercker mehr.
Die da jr arbait hond verbracht/
Das diser Wagn ist worden gmacht.
Nun zaig ich an zů diser frist/
Wie lustig Er gezieret ist.
Vier Löwen warn schön übergüldt/
In tatzen yeder hatt ain Schildt.
Die zwen die da stůnden herforn/
Das Bayrisch wappen außerkorn.
Kunstlich gmalet thet ich finden/
Die Löwen die da stůnden hinden.
In jren Schildten was geziert/
Ain wappen wies Luttringen fiert.
Sy hetten mich gar nach erschreckt/
Mit ainem guldin stuck war deckt.
Der Wagen ordenlich vnd fein/
Innwendig roten Charmasein.
Die Küssin mit rot Sammat gmacht/
Ich hab sy gnummen fleissig acht.
Sechs schöner Getil die warn schön weiß/
So lustig ziert das ich sy preiß.
Von rotem Sammat Siln vnd Strick/
Es war ain lust der es anblick.
Mit guldin Spangen beschlagen/
Auch guldin Fräntzn soll ich sagen.

Zwen

22

Zwen Fürknecht warn gar schön bekleidt/
Gantz roten Sammat hond sy treit.
Ich will bey meinen trewen sagen/
Das ich kain solchen zierten Wagen.
Warlichen alle meine tag/
An kainem ort nit gsehen hab.
Vnd bin vil Fürsten höf außzogn/
Aber so lustig vnd geschmogn.
Hab ich warlich vor nit gsehen/
Ich thet selber zü mir jehen.
Was mag er auch gestanden sein/
Ich rede auff die trewe mein.
Ich dorfft nit ich hett sunst gefragt/
Wiewol mirs gleich het niemants gsagt.
Vnd mir wol dörffen antwurt geben/
Ich wer ain grosser Narr darneben.
Vnd anfahen meiner zů lachen.
Ob ich auch ainen wolt lon machen.
Des hett ich mich geschämbt so hart/
Besser dein fragen bleib erspart.
Man hat jn also schön geziert/
Hinauß der Braut entgegen gfiert.
Wie Ewr Kaiserlich Maiestet/
Jn hie wirt sehen Cunterfet.
On gefahr auff ain halbe meyl/
Ich lieff hernach inn schneller eyl.
Fand zwů Zellen auff geschlagen/
Dreissig schritt weit müß ich sagen.
Des messens mich gar nit verdroß/
Die Zellen warn schön weiß vnd groß/
Mit blawen strichen schön gethon/
Zway schöne Wappen sach ich ston.
Gleich wie am Wagen angezaigt/
So lustig vnd gar schön beraidt.
Jnnwendig hatt es mich nit btrogn/
Mit rotem thůch gar schön vmbzogn/
Vnd mit bretter gar wol besteckt/
Von ainr Zell zů der andern gstreckt.

M iiij   Schönes

Schöne Zwirch vnd gemacht ain gang/
  Mit blawen strichen schön vnd lang.
Schönes rots thůch auff dem boden/
  Von ainer Zell zur andern zogen.
Ich sach auch hinder mir zů ruck/
  Von Büchsen manichs schönes stuckh.

Büchsen vor der Statt.

Zwelff stuck wurden Maurbrecher gnañt/
  Dreyssig Notschlangen wol erkañt.
Mehr viertzig stuck klain vnd auch groß/
  Darnach darauß man dapffer schoß.
Wie die Braut nur empfangen ward/
  Als nach Fürstlichem sitt vnd rath.
Wie nun Hertzog Albrecht inn Ehrn/
  Mit dem Breütgam vnd ander Herrn.
Seind sy bedsand abgstanden gleich/
  Bed Ertzhertzog zů Osterreich.
Mit sampt anderen Herren fein/
  Vnd giengend inn die Zell hinein.
Vnd haben auff die Braut gewart/
  Dann Sy ward nahend auff der fart.
Im selben kumbt Herr Marschalck gschwind/
  Das Betten brot Er da gewindt.
Dem Breütgam zaigt Er an bey zeyt/
  Braut wer verhandn ist nit mehr weyt.
Darab Er grosse freüd empfieng/
  Wie ich nun ain klain weitter gieng.
Sahe vil Reitter vnd auch Wagn/
  Ain gůtten freünd den thet ich fragn.

Braut wagen auß Lutringe.

Der mit jnen was kummen her/
  Inn welchem wagen Braut da wer.
Er sprach zů mir gantz vnbetrogen/
  Mit rotem Samat über zogen.
Da nun die Braut nit weit mehr war/
  Vnd so nach was da kummen dar.
Des Wagens hett Sy sich verzign/

Die Braut sitzt auff ainē Klepper.

Vnd ist daruon hinunder gstign.
Da hatt man zů jr bald gefiert/
  Ain braunen Klepper schön geziert.

Vmb

Vmb vil gellt ist er worden gschetzt/
Darauff man Sy dann hat gesetzt.
Den Zelten zů ist Sy ghuetten/
Lieblich nach Fürstlichem sitten.
Ist Sy gewesen schön geziert/
Wie es ainr Fürstin wol gebürt.
Der Rock scheyn von gold schön nmmer/
Deßg'eich ir gantz Frawen zymmer.
Was geziert daß ichs můß loben/
Mit schöner wahrt angezogen.
Von Gold vnd Berlin schön geschmuckt/
Wie Sy nun schier herzů seind gzruckt.
Da ist die Braut zur selben stund/
Mit dem Hertzog von Badenmund.
Abgestigen von irem pferd/
Mit sampt seinem Gemaheln werd.

Die Braut fürt man in die Zell.

Vnd auch ain junges Töchterlein/
Vnd der Brautschwester züchtig sein.
Giengend da in die ander Zell/
Wie ich dann hab vorhin gemellt.
Das der Zellen sein gwesen zwo/
Mit gůtem fleiß auffgschlagen do.
Darnach hat man nit gwartet lang/
Hinauß zun Zelten auff dem Gang.

Auf dem gang gieng man zů samen.

Der Breütgam mit sein vatter reich/
Die Braut thet auch desselben gleich.
Da ist es Fürstlich zů gangen/
Der Breütgam die Braut empfangen.
Warlich so gar mit grossen ehrn/
Mit seinem Vatter Fürsten Herrn.

Graf Carl von Zollern hat die Braut empfangen.

Ain Edler Herr gar wol geborn/
Genandt Graf Carl von hohen Zorn.
Oder Zollern wie mans auch nennt/
Ir Gnad die ist gar wol erkendt.
Des Künigs auß Hispanen gnandt/
Botschafft vnd auch dahin gesandt.
Mit vil Edlen Ritter vnd Knecht/
Vnd so ichs hab verstanden recht.

Hab

Hab ich bey jr Gnaden gsehen/
Vil vom Adel müß ich jehen/
Marquart von Freyberg kenn ich wol/
Christoff Wendel von Bieget sol.
Denselben soll ich nennen doch/
Dann Er ist vogt zü Haigerloch.
Ich nennen Hainrich Hagenman/
Vogt zü Wernstain soll man verstan.
Martin vnd Jochim von Hausen/
Lassend jnen bald nit graussen.
Martin von Rechingen ich nenn/
Vnd ander mehr die ich nit kenn.
Die jm zü hand all ghorsam warn/
Der Edel Graf so wol geborn.
Hat gar gut Frantzösisch geredt/
Wie Er die Braut empfangen het.
Jn namen der grossen Herrn alln/
Das menigklich hat wol gefalln.

Hertzog von Vadenmund gibt antwurt

Antwurt gab zü derselben stund/
Der Hertzog gnandt von Vadenmund.
Mit zierlichen worten es zügieng/
Fürstlich man ainander empfieng.
Wie man ainandern empfangen/
Da ist das Geschütz abgangen.
Wie ichs dann hab vorhin gemellt/
Es hat dapffer vnd lustig knellt.
Das sich das Erdtrich hat bewegt/
Vnd mich warlich sehr hart erschreckt.
Mit schiessen war ain solch tümmer/
Mich wundert daß das Fraw zymmer.
Warlichen zü derselben frist/
Nit vil herter erschrocken ist.
Darnach Graf Carl von Zollner gmellt/
Hat gfürt die Braut wol in die Zellt.
Darnach so hat man dar gefiert/
Den schönen Wagen wol geziert.
Die Braut so gar mit grosser zier/
Darnach darein gesessen schier.

Der

Der Fürst vnd Brütgain vnbeschwerdt/
  Saſſen wider auff jre pferdt.
Einritt in die Statt. Auch die Fürſten auß Oſterreich/
  Vnd ander Herrn deſſelben gleich.
Der Statt ſeind ſy da zůgeruckt/
  Gantz wol geziert vñ ſchön geſchmuckt.
Ich ſach auch ain herrn wol erkandt/
Herr Marſchalck. Carl von Frauberg iſt Er genandt.
Zů Frauberg auch deſſelben gleich/
  Vnd des hailgen Römiſchen Reich.
Erbritter vnd zů diſer friſt/
  Des Fürſten auß Bayrn Marſchalck iſt.
Der Herr hat ghandlet alſo wol/
  Das ich jn billich loben ſol.
Dann Er darzů iſt außerwölt/
  Ain ſchöne ordnung hat Er gſtellt.
So zierlich vnd ſo ordenlich/
  Ich kan nit für jm lob vergich.
Dann Er ſich darnach hat ghalten/
  Das jm von jungen vnd alten.
Billichen wirt preiß verſehen/
  Noch ainen Herrn hab ich gſehen/
Caſpar Egloff Er gnennet iſt/
  Vnd Fütermaiſter zů der friſt.
Nun will ich gantz gehorſam ſchon/
  Ewr Maiſtet geben zů verſton.
Wie der Einritt iſt geſchehen/
  Vnd was ich ſelb nit hab gſehen.
Das iſt mir worden angezaigt/
  Darumb jn ghorſam bin berait.
Sollichs auch da zů zaigen an/
  Zů dem Erſt ich geſehen han.
Ainſpenning knecht. Hertzog Albrecht Ainſpennig knecht/
  Wann ich jr Hauptman kennen recht.
So iſt Er Cunrat Vogt genandt/
  Bey Fürſten Herren wol erkandt.
Hertzogs Eberharten ſo reich/
  Habend hernach geuolget gleich.

Wann

Warn allsand inn ain farb bekleidt/
  Der Braut hatt mans zů Ehren treit.
Schwartze Röck ich schawets mit fleiß/
  Ain Ermel Leibfarb vnd auch Weiß
Gefirt wol auff der lincken Seyt/
  Also Federn wie man einreyt.
Hab ich hernach gesehen recht/
  So seind des Cardinalen Knecht.
Hernach geuolget inn der zal/
  Teiitschen Maisters von Mergenthal.
Gleich zierlich drauf geritten sind/
  Jnn der zal ich warlichen fund.
Darnach so seind geritten gleich/
  Ertzhertzog Carls von Osterreich.
Auff dise seind geritten zhand/
  Des Ertzhertzogen Ferdinand/
Das seind all sand gewesen knecht/
  Lustig geziert fürwar nit schlecht.
Alles nach Fürstlichem sitten/
  Trummeter seind vor geritten.
Vnd geblasen so maisterlich/
  Darnach ich auch wol reitten sich.
Edel knaben gar schön vnd wexdt/
  Die ritten so gar schöne Pferdt.
Ist es wie ich hab vernummen/
Neapolitani- Seind etlich auß Naplas kummen.
sche Pferd. Auß Hispanien auß Franckreich/
  Ich hab ir nit vil gsehen gleich.
So hurtig rund vnd trolsomiert/
  D irzů warn sy auch schön geziert.
So warn die jungen darauff schon/
  Jn eytel Sammat angethon.
Von Federbusch ain schöne zier/
  Gulden Ketten ich sag wol vier
Malen vmb den leib gezogen/
  Rß vnd Mań was schön geschmogen.
Der hochgelobt Es ist ain lust ders schawen soll/
Adel. Der Hochgelobte Adel wol.

Ist

Ist gleich auff dise zier ghritten/
　Zierlich nach des Adels sitten.
Vor jnen hin Trummeter güt/
　Jr schall macht da vil freüd vnd müt.
Deßgleichen auch die Heertrummen/
　Darnach seind die Fürsten kummen.

Ordnung der Fürsten im einritt.
In ainer ordnung ordenlich/
　Den Hertzog Ferdinand ich sich.
Hertzog Eberhart tugentreich/
　Reyt nebendhalb jr Durchleücht gleich:
Darnach reyt Ertzhertzog Caroln/
　Die Künigklich botschafft auß Poln.
Reyt neben jr zur lincken gleich/
　Darnach sach ich drey Fürsten reich.
Den Teütschen Maister nenn ich zhand/
　Der reyt wol zü der rechten hand.
Nebend jm Hertzog Wilhelm gleich/
　Sein liebster vatter tugentreich.
Jch preiß die Fürsten also werdt/
　Wiewol dys von mir hand nit bgert.
So hab ichs von mir selbs gethan/
　Vnd habs nit künden vnderlan.
Jch hab auch gsehen zü der stund/
　Den Hertzog gnañt von Vademmund.
Deßgleich Ertzhertzog Ferdinand/
　Ist gewesen der Fürsten stand.
Darnach der Wagen schön geziert/
　Darinn man dañ die Braut hat gfiert.
Schön Junckfrawen seind geritten/
　Auff schön Kleppern nach jrm sitten.
Sfrawen Zimmer mit grosser zier/
　Sach schöner Wägen mehr dann vier.
Der Braut Müter ain Fürstin hoch/
　Wie starck dieselb hernach har zoch/
Auß jr Fürstin gnaden Marstall/
　Warend der Pferd wol in der zal.

Der Braut Ritterschafft.
Jr Ritterschafft auch zaigen an/
　Gar aigentlich ob ich ächt kan.

N　　　　　Der

Der Herr von Riboltzkirchen gnandt/
Jns Fürsten Chamer wol erkandt.
Wilhelm Freyherr zů Gittingen/
So gib ich weyter zů verstehn.
Der Herr von Castelet gnandt Er/
Ist Rhat vnd auch ain Chamerherr.
Bernhart von Lützelburg main ich/
Ist Rhat vnd Chamerherr deßgleich.
Wilhelmus Krantz von Geyßboltzhain/
Rhat Chamerherr Amptman ich main.
Der von Gallioth Hofmaister/
So ist auch mit herkommen der.
Amptman zů Badmund von Jassi/
Der von Krotted auch was darby.
Sant Johannes orden Er ist/
Ain Commenthur zů diser frist.
Der von Braubach ist Chamerherr/
Mit sampt sein Sun vnd ander mehr.
Ain Chamerherr gar wol erkandt/
Balemund von Saur ist Er gnandt.
Ain Herr von Tauergin zůr frist/
Der Printzesin Er Marschalck ist.
Der von Kallort ist Stallmaister/
Noch warn jrn siben auch jm her.
Jr Tauffnam hort ich nit nennen/
Bey jrem Gschlecht můß mans kennen.
Von Armeisses wirt gnandt der ain/
Von Kantovisi ich vermain.
Von Andervile ainr verhandt/
Von Damptmarday ward ainer gnandt.
Von Viller ain hört ich nennen/
Gellrisch Junckherrn thůt man kennen
Vnd auch Herr Christan von Nerbeiß/
Nit mehr vom Adel ich da weiß.
Secretari vnd Officier/
Ain Medicus der herr Campier.
Secretari Licentiat/
Sein Nam also geschriben stat.
                                Franciscus

Franciscus Matheus genandt/
　Hans Vernet ist auch wol erkandt.
Princesin Secretarius/
　Ich nenn die Herrn nit vmb suß.
Sy seind gwesen vnuerdrossen/
　Nach sechs vnd zwaintzig auff Rossen.
Das ist der Fürstin Hofgesind/
　Die mit der Braut dar kummen sind.
Ain schöner Einritt ists gwesen/
　Fürsten Herren außerlesen.
Grauen Freyherrn vnd Edelleüt/
　Ich glaub es sey gar lange zeyt.
Bey kainem Fürsten nit gschehen/
　Hab ich von manchem hörn jehen.
Wie nun die Fürsten vnd auch Herrn/
　In d Statt seind kummen in groß ehrn:
Zů der Kirch bey vnser Frawen/
　Haben sy die wöllen schawen.

Bey der Kirchē　Stigend ab das můß ich sagen/
vnser frawen
abgestigent　　　Deßgleich die Braut ab dem Wagen.
Vnd giengend in die Kirch hinein/
　In der ordnung so hübsch vnd fein.
Der Breütigam gieng hinein bey seyt/
　Vnd neben jm zur rechten seyt/
Der Kaiserlich Maistet gesandt/
　Deßgleichen zů der lincken handt.
Hertzog Albrecht so tugentreich/
　Des Breütgams vatter sagen Eich:
Auch andere Fürsten vnd Herrn/
　Darnach die Braut in grossen ehrn:
Ward da gefürt Fürstlich zů hand/
　Von dem Ertzhertzog Ferdinand.
Deßgleich vom Hertzog von Vadmund/
　In die Kirchen zur selben stund.
Thet man jr Schwester auch bringen/
　Frawen Zimmer auß Luttringen
Ist jnen fleissig gfolget nach/
　Ich gieng hinnein alßsand ich sach:

N ij　In

Ordnung des Frawen zymmers.

In der Kirchen so außerwölt/
Hat sich gar ordenlich gestellt.
Das Frawen zimmer außerkorn/
Die Fürstinen so hoch geborn/
Fraw Anna also tugentreich/
Geborne Fürstin auß Osterreich.
Fraw Dorothe Pfaltzgräfin gleich/
Die alte Fürstin so tugentreich.
Zway junge Bayrisch fräwlin sein/
Das dritt mag wol Marggräfisch sein.
Hernach das Frawen zimmer schon/
Den Cardinalen wolgethon.
In der Kirchen gleich in der mitt/
Geziert nach Catholischem sitt.
Gstanden zwischen zwayen Caplan/
Ain Crucifix in henden ghan.
Das was von gold gar wol formiert/
Vor jm die Erd gar schön geziert.
Von rotem Thůch überzogen/

Guldin Kiße.

Zway guldin Kiß schön geschwogen.
So lustig das es mich hat gfreüt/
Breütgam vnd Braut darauff gekneüt.
Darnach der Cardinal ich sag/
Das Crucifix zů küssen gab.
Vnd mit dem Weichbrunnen gesprengt/
Vil schöner wort darunder gmengt.
Gar fleissig Er über Sy thet/
Gar schöne Catholische red.
Te Deum laudamus gsungen/
Darnach ist der Breütgam kummen.
Herfür in gleich vor in das Chor/

Die vier Stäbelmaiſter.

Vier Stäbelmaister giengend vor.
Graf Frantz vom Thurn so haißt der ain/
Graf Carl von Zollern ich auch main.
Bey dem Breütgam zur rechten hand/
Zur lincken seyt deßgleichen sand.
Ain Graf der was gar wol erkandt/
Von Schwartzenberg ist Er genandt.

Vnd

27

Vnd auch herr Lösch zü diser frist/
Ain Bayrischer Hofmaister ist.
Dise zwen waren nit gar treyt/
Vor der Braut zü der lincken seyt.
Weyter ich da auch sagen soll/
Ain schönen Stül den sach ich wol.
Der stünd an mitten in dem Chor/
In der Kirchen gar wol daruor.
Darein hat sich der Breütigam gstöllt/
Darnach die Braut schön außerwölt.
Von den zway Fürsten hochgenandt/
Dahin gefürt von beden sandt.

Ordnnug der Fürsten in der Kirchen.
Darnach die Fürsten außerwölt/
Habend sich in die Stül gestöllt.
Gar ordenlich ainander nach/
Den Teütschen Maister ich wol sach.
Im vorderisten Stül zü hand/
Darnach Ertzhertzog Ferdinand.
Zum dritten Ertzhertzog Carol/
So sach ich Hertzog Albrecht wol.
Auch den Hertzog von Badenmund/
Die Polnisch Botschaffe zü der stund.
Hertzog Eberhart ich auch nenn/
Den Fürsten Ferdinanden kenn.
Das Hochgeborne junge blüt/
Darnach die Gülchisch botschafft güt.
Das Frawen zimmer stünd nit weyt/
In der Kirch zü der lincken seyt.
In der ordnung wie obgemellt/
Haben Sy sich gar zierlich gstellt.
Zwen schöne Stül der nain ich war/
Zü beden seyten des Altar.

Des Cardinals stül.
Der auff der rechten seyten was/
Des Cardinals darinn Er saß.
Zur lincken seyten one trug/
Der fromme Bischoff von Saltzburg.
In demselbigen Stüle saß/
Der von Freysing da bey jm was.

N iij

Zu vnderist wol in dem Chor/
Stunden zwen Stül die sach ich vor.
Die Botschafft die darinnen saß/
Von Augspurg vnd Nürenberg was.
Herr Peütinger so haißt der ain/
Stathalter zů Augspurg ich main.
Herr Volckamer der ander gnandt/
Zů Nürenberg gar wol erkandt.
Wie der Gotsdienst verricht war schiern/
Mit singen vnd mit figuriern.
Vnd in fine hat man gsungen.
Da z in der Kirchn hat erklungen.
Den schönen Psalmen Beati/
Preütgam vnd Braut zierlich vnd fein.
Dietrer gebettet fleissigklich/
Wie es nun hat geendet sich.
Ist man wider auffgstanden zmal/
Darnach so hat der Cardinal.
Jnen glück gewünscht also schon/
Mit ainr schönen Oration.
Wie Sy den Weichbrunn empfangen/
Wo der auß der Kirchen. Ist man auß der Kirchen gangen.
Jn der ordnung zierlich vnd fein/
Gleich wie man gangen ist hinnein.
Vnd darnach sich mit guter rhu/
Gefarn der Herren Vestin zů.
Bayrisch Fräwen so tugentreich/
Mitsampt den jungen Fräwlin gleich.
Seind gefaren der nähe nach/
Jnn die New Vest war men gach.
Vnd eylten schnell wol zů dem chor/
Das Sy der Braut da kamend vor.
Wie Sy in Hof nun kummen sind/
Da seind Sy abgestanden gschwind.
Vnd sich fein in ain ordnung gstellt/
Die Braut in der Newen Vest empfangen. Wie nun die Braut so hochgemellt.
Ist kummen mit vil Fürstn vnd Herrn/
Da habend Sy mit g. off. negrt.

Die

28

Die Braut so Fürstlich empfangen/
Darnach so ist vor jr gangen.
Hertzog Albrecht vnd Preütgam gleich/
Darnach zwen Fürsten tugentreich.
Die ich dann vor hoch hab genandt/
Jr Durchleücht Hertzog Ferdinandt.
Vnd der Hertzog von Babenmund/
Haben die Braut zur selben stund.
Geführt vntz zü jrem Zimmer/
Auch das gantze Frawen zimmer.
Sy all zumaln ich da wol sach/
Nach der Braut gehn schon hinden nach.
Vnd jr das Glaidt Fürstlich geben/
Wie gmelt in jr Zimmer eben.
Darnach den Fürsten hochgeborn/
Außgezogen Stifel vnd Sporn.
Vnd darnach andre wahr empfangn/
Ain yeder in sein Zimmer gangn.
Wie nun ist worden die Malzeyt/
Gantz lustig vnd auch schön bereit.
Seind die Fürsten zü tisch gangen/
Vnd hand die Malzeyt empfangen.

Die Braut al-
lain gessen.
Hat die Braut als ich dann vermain/
Die Nacht malzeit gessen allain.
Deßgleich jr Fraw Mütter so wol/
Wie man sagt Ertzhertzog Carol.
Deßgleichen ist es geschehen/
Morgens zum mal müß ich jehen.
Nach mittem tag soll ich sagen/
Gleich wie die Glock zway hat gschlagen.

Die Gesandtē
kümen in der
Newen Vest
alle zusamen.
Da kamend in die Newe Vest/
Die geladnen Fürstlichen Gest.
Ertzhertzog Ferdinand gar wol/
Jr brüder Ertzhertzog Carol.
Deßgleichen andre Fürsten Herrn/
Botschafften so da gschickt in ehrn.
Warend auff die Fürstlich hochzeyt/
Kamend dahin gar schön bereit.

Es

Es hat sich auch der Breütgam ziert/
　Gerüst zur Kirchen wie gebürt.
Vnd kam auß seinem Zimmer sein/
　Vnd auch der liebste vatter sein.
Hertzog Albrecht so hochgeborn/
　Der Teütsche Maister außerkorn.
Der Ewr Kaiserlichen Maistet/
　Das Sy sy die vertretten sett.
Wie ir Gnad fleissig hat gethon/
　Die Fürsten all gezieret schon.
Zu der Kirchen sich vermessen/
　Auff schöne Geül seind Sy gsessen.
Geziert nach Fürstlichem sitten/
　Vnd seind zu der Kirchen ghritten.
Darnach die Braut gantz tugentreich/
　Das Frawenzimmer deßgeleich.
Zu der Kirchen waren Sy gnaigt/
　In der ordnung wie angezaigt.
Wie man zu der Kirch ist kummen/
　Vnd die Trummeten da klungen.
Lieff dahin ain solliche Welt/
　Als hett man außgeworffen gellt.
Es wolt da sehen yederman/
　Die Fürstlich hochzeyt wolgethan.
Wie die Braut ist abgestigen/
　Hat sich das volck nit verzigen.
Da war ain sollich groß getreng/
　Dem Frawen zimmer gmacht so eng.
Das Sy sich kundten nit bekern/
　Da hat geholffen gar kain wern.
Es hat Ertzhertzog Ferdinand/
　Gnummen ain Hellparten in dhand.
Vnd das volck zu ruck getriben/
　Biß das die Braut ist abgstigen.
Die Frawen vnd Junckfrawen all/
　Ain sollich treng was da zumal.
Wie man nun in Kirch ist kummen/
　Fürsten Herrn ain grosse Summen.
　　　　　　　　　　　Frawen

Frawen zimmer ain grosse zal/
Da stůnd geziert der Cardinal.
Zwischen zwayen Diaconen/
Sach ich jn vor dem Altar stehn.
Ain Mitram hett Er auff dem haupt/
Von schönem gold das hab ich glaubt.
Jn der hand hett Er ainen Stab/
Oben krum̃ vnd vnden gerad.
Wie sich ain Bischoff wol gebürt/
Vor jm der Boden schön geziert.

Rot thůch. Mit rotem thůch můß ich sehen/
Solchs ich vorhin nit hab gsehen.
Für jn hat sich da außerwölt/
Breütigam vnd auch Braut gestellt.
Der Cardinal ich gsehen hab/
Ain Creütz gemacht mit seinem Stab.
Darnach der Breütgam gar eben/

Den Krantz gesegnet. Dem Cardinal den Krantz geben.
Von Berlin vnd Gold was er ziert/
Wie dann ain Fürsten wol gebürt.
Das ich da zů mir selber sprach/
Schönern Krantz ich vor nit gesach.
Ich sprach zů ainem Herren schon/
Ain solchen Krantz möcht ich wol hon.
Er sprach er zierte dich mit fůg/
Als da ain Saw ain Beltzrock trůg.
Von stundan ich da von jm gieng/
Der Cardinal den Krantz empfieng.
Hat jn auff ain Teller geleyt/
Was lustig schön vnd wol bereyt.
Wann es gulte ain Kreützer bar/
So kauffte ich ain tutzet gar.
Gedencke sy seind nit mein fůg/
Von holtz gedret thůnd dise gnůg.
Nach dem Er eingesegnet hett/
Vnd vil Christenlicher gepett.
Darüber gsprochen gar zierleich/
Satzt Er jn auff den Fürsten reich.
                        Deßgleich

Deßgleich ain Ring von gold so rot/
　Der Breütigam dem Bischoff bet.
Der ward auch in sollichem fal/
　Gesegnet von dem Cardinal.
Darnach der Ring mit sampt dem Stain/
　Ward angesteckt der Junckfraw rain.
Von dem Breütgam an ire hand/
　Darnach so wurdens bede sand.
Von dem Cardinal gar eben/
　Christenlich zůsamen geben.
Darzů gar vil der schönen pet/
　Er über sy da sprechen thet.
Ain Creütz gemacht ich gsehen hab/
　Vber sy baide mit dem Stab.
Wie vorgemelt am selben ort/
　Vnd hat gesprochen dise wort.

　　In nomine indiuiduæ Trinitatis.

Das ist gesprochen also vil/
　Wie ich dann yetzt anzaigen wil.

　　Jm Namen der hailigen vnzer-
　　　tailten Trifältigkait.

Vnd jnen darmit gar eben/
　Gleichermaß den Weichbrunn geben.
Wie Er gethon hat auch daruor/
　Darnach gegangen in das Chor.
Die Stäbelmaister wol erkandt/
　Mit Namen hab ichs vor genandt.
Darnach die Fürsten vnd auch Herrn/
　Die Botschafften in grossen ehrn.
Vnd hand sich in die Stül gestellt/
　Ain ander nach wie ich hie meldt.

Ordnung der Fürsten in der Kirchen. Ich hab sy gnummen eben war/
　Gleich auff der rechten seyten hár.
Den Teütschen Maister also gnandt/
　Von Kaiserlich Maistet gesandt.
　　　　　　　　　　　Darnach

30

Darnach Graf Carl von Zollern gleich/
Was die Hispanisch botschafft reich.
Ertzhertzog Ferdinand auß Tyrol/
Ertzhertzog Carl den sach ich wol.
Darnach auch den Hertzog Albrecht/
Des Preütgams vatter sag ich recht.
Den Hertzogen von Badenmund/
Die Polnisch botschafft zů der stund.
Herr Dietmar gnandt von Losenstain/
Hertzog von Wirtenberg ich main.
Der Hertzog Ferdinand so jung/
Got wolt das im auch wol gelung.
Mit ainem sollichen Kirchgang/
Ich hoff es soll nit werden lang.
Ir Fürstlich gnad werd thůn zům sachn/
Ich wolt jr thůn ain Spruch zlieb machn.
Die Pfaltzgräfisch botschafft bey Rhein/
Friderich von Linpurg ich mein.
Des Churfürsten Augustus gnandt/
Graf Günther vnd gar wol erkandt.
Von Schwartzenburg wirt Er genennt/
Ott von Byland auch wol erkennt.
Von Gülch so ist Er kummen har/
Darnach hab ich genummen war.
Herr Langenmantel on schaden/
Des Fürsten gsandter von Baden.
Von Florentz hab ich gsehen recht/
Ain Römer gar ain alt geschlecht.
Sein Nam ward mir also erkandt/
Trollus Visinus Er sich nandt.
Herr Peütinger nenn ich zur frist/
Statthalter Er zů Augspurg ist.
Der von Nürenberg gesandter/
Ist genandt Georg Volckhamer.

Ordnung des
Frawen Zim̄
mers inn der
Kirchen.

Auff der lincken seyten zů hand/
Ich da das Frawen zimmer fand.
Nach ainanderen auch geleich/
Anna die Fürstin tugentreich.

Die

Die alte Hertzogin darnach/
Die Pfaltzgräuin ich auch wol sach.
Der Braut Schwester sach ich auch wol/
Zway Fräwlin ich hie nennen sol.
Auß Bayrn so sach ich zů der stund/
Ain Fräwlin gnant von Vadémund.
Nit anders ist es mir zů wissen/
Vnd hab auffsehens mich geflissen.
Im anfang hab ich angezaigt/
Wie ain Stůl sey gwesen berait.
An dem Altar zur lincken hand/
Zwen Bischoff man drinn sitzen fand.
Von Saltzbürg vnd von Freysingen/
Weyter gib ich auch zů versteen.

Zier des Braut   Ich sach ain Stůl gar wol formiert/
stůls.   Mit ainem Guldin Stuck geziert.
Vier Löwen sach ich schön vergildt/
Ich waiß das sy gwiß niemandt schildt.
An die vier eck warn sy gestellt/
Ain yeder in seinr Tatzen hellt.
In gleicher form wie auff dem Wagn/
Da ich am anfang von thet sagn.
Vier guldin Kissin sach ich wol/
So schön das ich sy preysen sol.
Vnden zway deßgleichen oben/
So wol geziert ich můß loben.
Preütgam vnd Braut darauff gekniett/
Ich hab zů gschawt hat mich nit ghreüt.
Auch gleich daruor ich reden das/
Gar ain schöne Begrebnuß was.

Aines alten   Ains alten Kaisers hört ich recht/
Kaisers be-   Des Hertzogthumbs auß Bayrn gschlecht.
grebnuß.
Sein Bildtnuß hab ich gsehen schon/
Gar lieblich an der Grebnuß ston/
Kaiser Ludwig sein Namen was/
Auff dem Stain gschriben ich zu laß.
Gleich daruor der Fron Altar war/
Mit der warhait ich reden thar.

Es

Solliche Schinckung gschehen ist/
Von der Landtschafft zur selben frist.
Durch die so da wurden gesandt/
Seind mir worden also erkandt.

Graf Johann		Ortenburg.
Graf Ulrich		Ortenburg.
Wolff Dietrich		Mechselrain.
Wolff Wilhelm		Mechselrain.
Carl		Frauberg.
Jacob	von	Thurn.
Georg		Gumpenberg.
Burckhart		Damberg.
Veit Erbmarschalck		Bappenhaim.
Wolf Christoff		Tauffkirchen.

Hieronymus Brunner so schon/
Hat für Sy all die red gethon.
Dann Er yetzund zu diser frist/
Der gantzen Landtschafft Camrer ist.
Vnd der Rechten Licentiat/
Gantz ghorsam sich anbotten hat.
Von wegen ainr gantzn Landtschaft reich
Mit worten vnderthänigkleich.
Preütgam vnd Braut zu gutem thail/
Inen gewünscht vil glück vnd hail.
Der zwo Stetten ich auch gedenck/
Augspurg vñ Nürnberg hand auch gschenckt.
Durch jre Gsandten wol erkandt/
Mit jrem Namen vor genandt.
Wie nun solchs nach Fürstlicher art/
Da alles sand geschencket ward.

Der Graf von Schwartzenberg hatt gedanckt.

Sach ich ain wolgebornen Herrn/
Hab jn auch gnennt in hohen ehrn.
Er hat gedanckt der junge Heldt/
Den Fürsten allen hochgemeldt.
So gar mit zierlichen worten/
Die all solches von jm horten.
Die lobten jn alle samen/
Graf Ott Hainrich ist sein Namen.

P   Von

Von Schwartzenberg wirt Er genandt/
Mänigklichen gar wol erkandt.
Jr gnad hat ghandlet also wol/
Billich man jn drumb loben sol.
Wie ich vorhin hab thůn schreiben/
Darumb ichs jetzund laß bleiben.
Nit mehr ist gschehen disen tag/
Das ich hab gsehen wie ich sag.
Am Erichtag gleich nach dem Mal/
Das auch geschehen ist im Sal.
Ist man frölich schön geschmogen/
Auff die gmelte Ban gezogen.
Vom volck gab es ain getümmer/
  Frawen Zimmer. Jm selben kumbts Frawenzimmer.
Auff schönen Wägnen her gefarn/
Die so gar Fürstlich zieret warn.
Wie ich dann vorhin hab gschriben/
Da ist nichts vergessen bliben.
Als was zů solchen sachen hort/
Das was beraidt an allem ort.
Da ist warlich nichts übersehn/
Mag ich bey meinen trewen jehn.
Die Ban die was so schön bereidt/
Von Sand ain hand dick überstreidt.
Deßgleichen mit stro bedeckt wol/
Jch waiß nit wie vil Wägen vol.
  Das Ringlin rennen. Nun will ich underthänigklich/
Durchleüchtigister Kaiser reich.
Gehorsamigist zaigen an/
Was sich verlieffe auff der Ban.
  Ertzhertzogs Ferdinands auffzug. Am Erchtag hab ich gsehen zhand/
Kommen Ertzhertzog Ferdinand.
Selbander auff aim Wagen sas/
Der so gar schön gezieret was.
Wie Ewer Kaiserlich Maistet/
Jn hie wirt sehen Cunterfet.

                                       Jch

31

Er was geziert/vnd on geferdt/
Warlich ainr gantzen Graffschafft werdt.
Wolt ich bezeügen also gschwind/
Mit allen so da gwesen sind.
Das mans deß besser glauben wölln/
Zier des Fron Altars. Will ich etliche zier erzölln.
Der Fron Altar schön vnbefleckt/
Mit ainem Goldstuck überdeckt.
Darauff sach ich von Silber ston/
Die zwelff Apostel also schon.
Ain schön Saluator in der mitt/
Ich waiß das ich hie leüge nitt.
Der was lustig vnd schön vergillt/
Wer es hat gsehen gwiß nit schillt.
Die Apostel warn lustig gstellt/
Wer Sy hat gsehen gwiß gefellt.
Mit der warhait so red ich das/
Ainr höher dann der ander was.
Noch zwelff Bilder schön außerwöllt/
Von Silber vnd gar lustig gstellt.
Hinderhalb die Apostel zwar/
Die warhait ich wol reden thar.
Die silberin Leüchter. Zwen grosse Leüchter hab ich gsehen/
Darzü vier klain das müß ich jehen.
All von gütem Silber gossen/
Söllichs gsehen vnuerdrossen.
Zier der stül in der Kirchen. Bin ich warlich gewesen nit/
Die Stül müß ich auch preysen mit.
Jren wol viertzig in dem Chor/
Die ich noch nit gemellt hab vor.
Alsand warn sy gar schön geschnizgn/
Mit Carmasin gar überzogn.
Deßgleich die ander Stül auch all/
In der Kirchen desselbig mal.
Wie die im Chor schön geschnizgn/
Mit Carmasin überzogen.
Es ist mir nit wol müglich zwar/
Das ich es kan benennen gar.
D Zůschieben

Zuschreiben ist es mir auch zvil/
Nach dem ich auch anzaigen wil
So ich ebendran bin kummen/
Kertzen auff dem Altar brunnen.

Vergulte Kertzen. Die warn vergüllt vnd das ist war/
Als soltens weren etlich jar/
Daruon mer zschreiben sich gebirt/
Mänger mir das nit glauben wirt.
Da ligt mir warlich nit vil dran/
Ich schreib was ich gesehen han.
Das ander will ich lassen bleibn/
Es wirts villeicht ainander schreibn.
Dann es mir nit wol müglich ist/
In ainer solchen kurtzen frist/
Das ich da nicht thů vergessen/
Zum argn wirt man mirs nit messen.
Daran ich dann kain zweyfel han/
Nun will ich weyter zaigen an.
Sich in der Kirch zůtragen het/
Ewer Kaiserlich Maiestet.
Der gib ich allhie zů verston/
Namend die gulden Jnnfel schon.

Ceremonien in der Kirchen. Vnd satzten Sy auff gar behentz/
Dem Cardinal mit Reuerentz.
Deßgleichen auch den Bischoff stab/
Ain schön Rauchfaß von jm auch gab.
Deßgleichen auch ain Silbris gschirr/
Mit Reuerentz nit vngebür.
Der Cardinal der nams zů hand/
Darinn Er gůten Weyrauch fand.
Darauß nam Er ain wenig zwar/
Vnd thets wol in das Rauchfaß dar.
Da haben Sy jm abgethon/
Die schön gezierte Jnfel schon.
Darnach hat Er den Altar zhand/
Die schöne Bilder alle sand.
Bereücht wie ichs gesehen hab/
Darnach Er Srauchfaß von jm gab.

Ain

Am Diaconus es empfieng/
  Zů dem Preütgam vnd Braut Er gieng.
Beraucht ſy baide můß ich ſehen/
  Ain Caplanen hab ich gſehen.
Der hatt ain Saul da vorm ſton/
  Darauff da ſaß ain Adler ſchon.
Der ſchwung ſein flügel auß ſo ſchwer/
  Sach gleich als obs ain Pulbrett wer.
Da namen ſy die ſchön Mitram/
  Der Cardinal auffs haupt ſy nam.
Darnach ſo hat man gfiguriert/
  In der Kirchen wie ſich gebiert.
Vnd darnach gar vnbetrogen/
  Dinfel wider abgezogen.
Wie ſy im von haupt iſt kummen/
  Hat Er das Oremus gſungen.
Stůnd hinder im gleich an der ſtatt/
  Zwen Caplan ordenlich vnd ſatt.
Ain brinnend Kertz ain yeder hielt/
  Mit beden händen Er ſy bhielt.
Darnach ſo hat der Cardinal/
  Oremus zů dem andern mal.
Geſungen vor dem Altar bhend/
  Alſo nam die Veſper ain end.
Da gieng man auß der Kirchen fein/
  In ſolcher gſtallt wie auch hinnein.
Vnd doch man in die Newe Veſt/
  Die Hochgebornen werden Geſt.
Wie nůn die Malzeyt was bereyt/
  Man Speyß vnd Tranck hat auffgetreyt.
Vnd die Fürſten ztiſch ſeind gſeſſen/
  Hab ich mich netzund vermeſſen.
In kurtzem anzuzaigen gſchwind/
  Wies nach der ordnung gſeſſen ſind.
Ordenlich nach Fürſtlichem ſitt/
  Wie die Tafel anzaigung gibt.
Alſo ſeind die Fürſten gſeſſen/
  Wie ſy die Malzeyt hand geſſen.

D ij Hab

Hab ich ir Durchleücht recht erkendt/
Die seinds frie hierinn nach stät gnendt.

Die Fürstliche Tafel.

Preütigam sampt der Braut.

Graf Carl von Zollern.
Herr Dietmair von Losenstain.
Friderich von Limburg.
Graf Günther von Schwartzenburg.
Ott von Byland.
Ulrich Langenmantel.
Troilus Vrsinus.

Cardinal von Augspurg.
Der Teütsche Maister.
Ertzhertzog Ferdinand.
Fraw Anna.
Ertzhertzog Carl.
Die Fürstin von Newmarckt.
Hertzog Albrecht.
Die alt Fraw.
Hertzog von Vadenmund.
Sein Gemahel.
Bischoff von Saltzburg.
Hertzog Eberhart von Wirtenberg.

So das Handwasser geben habend.

Graf Frantz   ⎫   ⎧ Thurn.
Graf   ⎬ von   ⎨ Ottenburg.
Graf Sebastian   ⎪   ⎪ Schlick.
Graf Felix   ⎭   ⎩ Lodron.

Die Fütschneyder.

Graf Johann von Ottenburg.
Graf von Leonstain.
Graf von Zollern.

In

In ainer Stuben soll ich sehen/
Hab ich auch ain Tafel gsehen.
So ich Ey nit hab vergessen/
Seind dise personen gsessen.

Bischoff von
 Freysingen.
Zway Bayrische
 Fräwlin.
Das Fräwlin von
 Badenmund.
Ain Marggräfisch
 Fräwlin.
Fraw von Schwar-
 tzenberg.
Ain junger Marg-
 graff.

Der Braut
 Schwester.
Hertzog Ferdi-
 nand.

Weyter will ich auch zaigen an/
Ich sach ain runde Tafel stan.
Ewr Maiestet sag ich zur frist/
Wer auch daran gesessen ist.
Ob ich Sy thůn recht erkennen/
So will ichs in ghorsam nennen.

Herr Pelitinger.
Hieronymus im Hof.
Georg Volckhamer
Hofmaister
Bartholme Haissentaler
Georg

Von

Augspurg.
Augspurg.
Nürnberg.
Amburg.
Haydelberg.
Romburg.

Wie nun die Malzeyt empfangen/
Vnd man hin vom Tisch ist gangen.
Gar Fürstlich ordenlich vnd fein/
Ain yeder in das Zimmer sein.
Zů dem Tantz sich gerüstet schier/
Mit gar schöner Fürstlicher zier.

D iij   Dem

Den schönen Saal im anfang gnandt /
Der ward von Herrn darzü erkandt.
Wie nun der Tantz anfahen solt /
Hat man Preütigam vnd Braut geholt.
Wie mans wolt fůren in den Saal /
War ain getreng dasselbig mal.
Von Fürsten Grauen Freyherren /
Das sich niemandt kund bekeren.
Der grosse Saal war vil zů eng /
Wie gmelt es twas am sollich treng.
Die Stäbelmaister alle vier /
Müßten machen da Platz gar schier.
Der Fürstlich Tantz fieng an zur frist /
Gleich wie hernach geschriben ist.

Der Erste Rayen des Fürstlichen Tantzs.

Preütigam		Braut.
Ertzhertzog Ferdinand		Hertzogin von Bayrn.
Ertzhertzog Carl	Mit der	Pfaltzgräfin.
Hertzog Albrecht		Fraw von Badenmund.

Der ander Rayen.

Teütsch Maister		Hertzogin von Bayrn.
Hertzog Albrecht		Braut.
Ertzh: Ferdinand	Mit der	Pfaltzgräfin.
Ertzhertzog Carl		Fraw võ Badmund
Preütigam		Braut schwester.

Der dritt Rayen.

Graf von Zollern		Pfaltzgräfin.
Ertzh: Ferdinand		Braut.
Ertzhertzog Carl	Mit der	Alten frawen.
Preütigam		Fraw võ Badmund

Der

34

Der vierdt Rayen.

Ertzhertzog Ferdinand.
Ertzhertzog Carl.
Graff von Zollern.
} Mit der {
Eltern Frawen von Bayrn.
Andern Frawen von Bayrn.
Margräfischen fräwlin.

Der fünfft Rayen.

Ertzhertzog Carl.
Ertzhertzog Ferdinand.
Breütigam
} Mit der {
Fraw von Vademund.
Braut.
Eltern Frawen von Bayrn.

Weyter kund ichs nit mehr sehen/
Von grossem dreng muß ich jehen.
Zů schawen was ain groß begier/
Den Fürstlich Tantz mit sampt der zier.
Ja die das Frawen Zimmer trůg/
Ich kundts selbs nit erschawen gnůg.
Dann ich vor alle meine tag/
Schönern Tantz nit gesehen hab.
Het Er gwert biß an morgen frů/
So hett ich im gern gsehen zů.
Wie nun der Tantz hat gnummen end/
Hab ich mich gmacht gen schlaffend bhend.

Die Morgengab.
Am morgen hat ich gar kain rhů/
Macht mich der Netz en Vestin zů.
Vnd sach ain Klainet als ich main/
So was es Gold vnd Edel Gstain.
Schmaragden Demüt vnd Rubein/
Ain groß gelt můß es gstanden sein/
Es war ain Halßband vnd ain Ghenck/
Gedacht es ist gwiß gnůg ain Gschenck.
Das trůg ain Graf gar wol erkandt/
Von Schwartzenberg ist Er genandt.

Der

Der Braut bracht Er sich gsehen hab/
Ist gewesen jr Morgengab.
Ich dacht wirt es dann yetzt der sitt/
Das kainer darff heyraten lut.
Er gäbe dann also seine Braut/
Ain sollich Gschenck wie ich hab gschaut.
So müßte mancher sein schabab/
Fro bin ich das ich aine hab.
On ain Braut müßt ich wol leben/
Kain sollich Schenck het ich zgeben/

Kirchgang. Darnach so saumbt man sich nit lang:
Ruft sich widerumb zum Kirchgang.
In der ordnung gleichsfahls ich sag/
Wie gschehn ist die vordrigen tag.
Dann das die Fürsten muß ich sagn/
So schöne zierte Krantz hand tragn.

**Der Breut
Schwester
thailet die
Krantz auß.** Wie man für die Kirch ist kummen/
Der Braut Schwester zu jr gnummen.
Gar schöne Krantz vnd außgeschenckt/
Daran man auch gar lang gedenckt.
Mich verwundert sehr an der statt/
Das Sy mir kainen geben hat.
Gedenck Sy hab mich nit gsehen/
Odr sunst mit kennt mag sein gschehen.
Wie man nun in Kirch ist gangen/
Hat der Cardinal empfangen.
Die Braut vnd Preittgam wolgethon/
Mit disen worten also schon.

Adiutorium nostrum in nomine
Domini, qui fecit cœlum & ter-
ram.

Zu teütsch ist es ghredt also vil/
Wie ich dann yetzt anzaigen will.
Im Namen spricht Er wolgethon/
Vnsers lieben erlösers schon.
Da antwurtet jm die werden/
Der gschaffen hat himl vnd erden.

Der

Der Cardinal so wol gethon/
Spricht dise wort zierlich vnd schon.

Matrimonium per nos heri con
firmatum, confirmet deus omni
potens, & ego illud ratifico, con
firmo, & in facie Ecclesiæ solen
niter ac iterum benedico, in no
mine Domini patris, & filij, &
spiritui sancti.

Die wort bringen mit sich gar schon/
 Den Gotsdienst den wir hond gethon.
In der Christlichen Kirchen hie/
 Dieselben Er bestätten die.
In der hailgen Trifältigkeit.
 Namen hand dise wort bedeit.
Darnach so haben bij gsungen/
 Das in der Kirch hat erklungen.
Den schönen Psalmen also gnandt/
 Wie dise wort gebend verstand.

Beati omnes qui timent Dominum.

Dise wort zaigend an so gschwind/
 Das alle die ja selig sind.
Die den Herren da fürchtend schon/
 Vnd args thund vnderwegen lon.
Wie vns die gschufft beweißt zur frist/
 Wer jn nit fürcht auch sein nit ist.
Nach dem so satztend sich die Herrn/
 Wie vormalen in grossen ehrn.
Da singt man das Ampt wol erkandt/
 De Trinitate wirts genandt.
Der Cardinal hat sich erzaigt/
 Mit blossem haupt gen Fürsten gnaigt
Andern Ceremonien vil/
 Die ich nit all erzelen wil.
Vnd so ichs solt als zaigen an/
 Ain gantze woch müßt ich wol han.

Vnd

Vnd solt mir dennocht zkurtz wol sein/
Das ich es künd erzelen sein.
Zu dem nächsten laß ichs bleiben/
Weyter von den sachen schreiben.

Außgang der Kirchen.
Wie nun die Meß hat gnummen end/
In die New Vest für man behend.
Vnd satzt man sich da zu dem Mal/
Gleich wie zuuor wol in dem Sal.

Fürstlich Tantz im Rhathauß.
Wie nun dasselb ist gwesen auß/
Zoch man darnach in das Rhathauß.
Ain Fürstlich Taintz war da mit füg/
Biß nach dem das Glock fünffe schlüg.
Darnach zugend die werden Gest/
Widerumb in die Newe Vest.
Den tag hat man der Braut geschanckt/
Graf von Schwartzenburg hat gedanckt.
In was gestalte es gschehen sey/
Will ich hetzunder melden frey.

Schanckung aller Fürsten.
Der Teütsche Maister schencken thet/
In Namen Ewer Maiestet.
Darnach Graf Carl von Zollern gleich/
Im Namen des grossn Künigs reich.
Auß Hispanien ich auch sach/
Ain Herren Schencken gleich hernach.
Gnandt Herr Dietmar von Losenstain/
Ewr Maiestet Rath als ich main/
In Namen der Küngin auß Poln/
Darnach hab ich gesehen woln.
Den Grauen vom Thurn genant Frantz/
In Namen Ertzhertzog Ferdinantz.
Herr Caspar von Vels sach ich gleich/
In Namen Ertzhertzogs Carls reich/
Auch von Augspurg der Cardinal/
Wie andere Herrn schencken wol.
Hernach des Pfaltzgrauen am Rheyn/
Botschafft gar ordenlich vnd sein.
Fridrich von Limpurg ist hy gnandt/
Churfürst von Sachssen wol erkandt.

Durch

Durch sein Botschafft geschencket ist/
  Graf Günther von Schwartzenburg zur frist.
Hertzog Albrecht den sach ich wol/
  Des Preütgams vatter sagen soll.
Hat darnach auch geschencket gleich/
  Durch ainen strengen Herren reich.
Carl von Frauberg ist Er genandt/
  Des Römischn Reichs ErbRitter kandt.
Vnd auch Marschalck in hohen ehrn/
  Noch was der Schanckung noch vil mehrn.
Es schanckt der Braut milter zur frist/
  Ain Künigin auß Denmarckt ist.
Fraw Dorothea die Fürstin/
  Die Pfaltzgräfin ja bey dem Rhyn.
Durch jrn Hofmaister als ich main/
  Georg Thoman von Wildenstain.
Es schenckt auch on allen schaden/
  Die alt Fraw Fürstin von Baden.
Durch Burckhart von Schellenberg gleich/
  Der Bischoff von Saltzburg so reich.
Durch sein Landtshauptman wol gemüt/
  Ain guldin Pfenning der da thüt.
Tausent Ducatn an schönem gold/
  Ich nem jn ain jar für mein sold.
Will in nit haben vnuerholn/
  Man möcht sagen ich hett jn gstoln.
Derhalb schenk mir niemand so vil/
  Dann ich es gar nit haben wil.
Hertzog von Gülch gantz tugentreich/
  Sein botschafft sach auch schenckn eich.
Der Nam ward mir also erkandt/
  Vnd genandt Herr Ott von Bylandt.
Hertzog Christoff von Wirtnberg schon/
  Mitsampt sein Sun gar wol gethon.
Hertzog Eberhart wol erkandt/
  Wie ich den Fürsten vor hab gnandt.
Durch den von Limburg also gnandt/
  Vnd andre Räht auch wol erkandt.
                              Marggraf

Marggraf von Baden hat auch gschenckt/
  Des bin ich noch wol ingedenck.
Durch die Gesandte botschafft gnandt/
  Ulrich Laugenmantel erkandt.
Dise Fürsten so hoch geborn/
  Im Römischen Reich außerkorn.
Ir Schanckung so Sy habend gthon/
  Ist mir nit müglich zaigen an.
Von Gold Berlin vnd Edlem Gstain/
  Geziert fürwar schön vnd auch rain.
Das ich doch alle meine tag/
  Sollich Klainet nit gsehen hab.

Der Landtschaft Schanckung.

Akt Klainet hab ich da gsehen/
  Wärn zwen Becher muß ich sehen.
Von Gold vnd arbait schön geziert/
  Wie sich dann sollichs wol gebiert.
Die seind gestanden hort ich sein/
  Achtzehunndert Rheynisch florein.
Im Becher lag das muß ich sagen/
  Sechßtausent Ducaten new gschlagen.
Das bringt die rechnung mit jr sein/
  Zehentausent güter florein.
Die Becher mit dem Gold zü hand/
  Ist gestanden ja alles sand.
Aylfftausent acht hunndert florein/
  Laß mir ain schöne Schencke sein.
Die Ducaten New geschlagen/
  Auff dise form muß ich sagen.

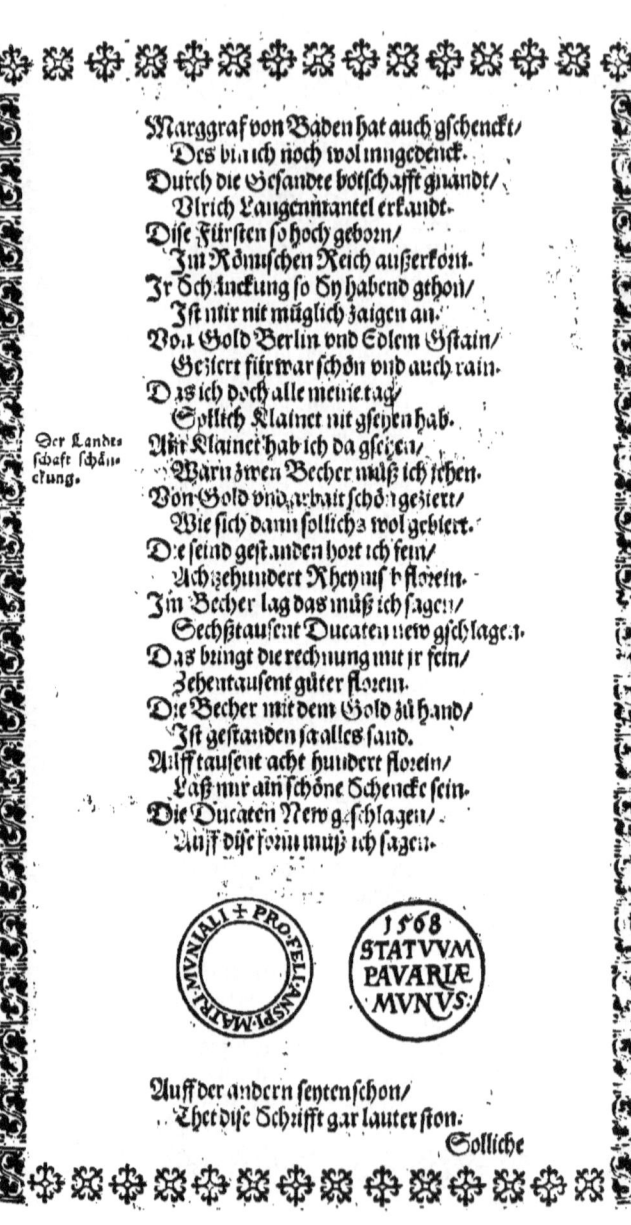

Auff der andern seyten schon/
  Thet dise Schrifft gar lauter ston.
                          Solliche

Durchleüchtig Hochgeborn
Christlichen, Hochloblichen vnd Fürstlichen

Den Degen an Zeiten die Faust
Dem schlug zum Schelfeten
Zu Rustung he eine helm ball
Den ganzen seine Wagen har
Das rethe Schif ungelysm/
Die Sternen Schlacht wollen fan.
Das anglich grimm getulle
Was man an Wagen gfcher wey gang.

Die weyl glauch Roll war lick
Ferrer den von Wagen nach
Dar in Zunere fternig schwez/
Welcher si donnen wie grauen,
Dann kamen aus mit rech
Ich fab et feine hellsame gleich
Viel baß has wilten vgelt
Die grimm fchwere Wagen

Jch kan nit vnderwegen lan/
 Ewr Maieſtet zů zaigen an/
Gehorſam iſt ichs gern thůn wil/
 Eh da anfieng das Ritterſpil.
Hat der Ertzhertzog Ferdinand/
 Schöne Leibgeül da auff dem Sand.
Laſſen tumblen wunderbarlich/
 Vnder denen ich ainen ſich.
Schön braun red ich bey mein trewen/
 Der gieng auff den vordern knewen.
Ain halb viertel ainr gantzen ſtund/
 Bekenne das auß meinem mund.
Vnd auch bey meinen trewen ſag/
 Das ich vorhin all meine tag.
Sollichs warlich nit hab gſehen/
 Weyter můß ich auch verſehen.
Ain Gaul jr Durchleücht thumblen ließ/
 Vnd gehorſam was man jn hieß.
On Halffftern vnd on allen Zaum/
 Ich red fürwar auß kainem traum.
Gſehen hat es frawen vnd man/
 Mit denen ichs beweyſen kan.
Will nit das etwar ſagen ſett/
 Ich habs jr Durchleücht zgfallen ghredt.
Ob ich es gleich ſchreib jr zů ehrn/
 Sfrawen zimmer auch andre Herrn.
Habend ſolliches gſehen gern/
 Iſt jn auch gſchehen alln zů ehrn.
Darnach ſeind Fürſten vnd auch Herrn/
 Kummen auff Ban in hohen ehrn.
Mit Mummerey vnd ſchöner zier/
 Ewr Maieſtet mags glauben mier.
Das kain man alle ſeine tag/
 Luſtiger vor nit gſehen hab.
Ain andern nach will ichs nennen/
 Kund ſy aber nit erkennen.
Sy warn ſo wunderbarlich klaidt/
 So hond ſy ſchöne Maſchgen traidt.

Ertzhertzog Ferdinands leib geül.

P ij Sy

Sy warn darmit so gar vermumbt/
Das ich Sy nit erkennen kundt.
Etliche wurdend mir erkandt/
Wie gmeldt Ertzhertzog Ferdinandt.
Jr Durchleücht ist zum Erst auffzogn/
Auf gmeltem Wagen schön geschmogn.

Die ander Mummerey.

Zü dem anderen sach ich wol/
Den Ertzhertzog genandt Carol.
Auffziehen so gar lustigklich/
In schöner Klaidung sagen ich.
Gleich wie es die Vngern tragen/
Blawe Röck rot Hüt ich sagen.

Die dritt Mummerey.

Es ist auch Hertzog Eberhart/
Von Wirtenberg auff diser sart.
Gar frölich vnd vnbetrogen/
Gantz lustig auff die Ban zogen.
Vier Geül hat Er die warn bekleidt/
Gleich wies ain rawer Landtsknecht treibt.
Vom die Ermel hinden das Gfäs/
Vnd dem Schimpffe gantz wol gemäß.
Gantz wunderbarlich ichs ansach/
Vnd hort das mänigklichen sprach.
Vnd aigentlich darfür erkent/
Wie Sy seind zü dem Ringle ghrendt.
Zwen seyend auff ainandern gsessen/
Jr klaidung will ich nit vergessen.
Gel zerschnitten vnd geschmogen/
Mit rotem Tafft vnderzogen.
Drey Hürn die warn Landtsknechtisch ziert/
Mit jnen auff die Ban gefiert.
Ain yede da ain Felliß trüg/
Darauff da saß ain Han so klüg.

Die

Die vierdt Mummerey.

Zu dem vierdten sach ich zwen Baurn/
Zugend daher on alles traurn.
Ainer reyt der ander gieng zfuß/
Warn frölich ichs drumb loben muß.
Ain Sackpfeyffen die was jr Spil/
Weyter ich auch anzaigen wil.

Die fünfft Mummerey.

Zwo person Weib vnd auch Man/
Die ich da selbs gesehen han.
Der Man in rot vnd weiß bekleidt/
Weiß vnd braun die Fraw hat antreidt.
Die Diener hab ich bschaut mit fleiß/
Von Seyden klaidt schwartz vnd auch weiß.
Mit Trummeten so lustigklich/
Weyter so muß anzaigen ich.

Die sechst Mummerey.

Drey Herrn die hab ich gesehen wol/
Jr zier ich auch anzaigen sol.
Von blaw vnd brauner Seyden güt/
Gantz Türckisch sach ains yeden hüt.

Die sibend Mummerey.

Drey Mom die hab ich gschawet gnot/
Jr Klaidung was weiß geel vnd rot/
Seind mit Trummeten auffgezogn/
Gar lustig darzů schön geschmogn.

Die acht Mummerey.

Zu dem achten so kumbt daher/
Ain Bauren hochzeyt on gefer.
Die warn so frölich auff der Ban/
Der Preütigam mit rennen gwan.
Ain Becher ain Gürtl hab ich bschaut/
Das bracht Er seiner lieben Braut.

Da fiel Sy jm vmb seinen halß/
Das hab ich da gesehen alß.

Die neündte Mummerey.

Zum neündten sach ich seltzam sachen/
Deren ich müßte warlich lachn.
Gantz wunderbarlich es da was/
Ich hab gesehen das da saß.
Auff ainem Ochs ain grosser Ber/
Die jugend mit ainandern her.
Auff der Ban da hin vnd wider/
Auch saß ain Wolff auff aim Wider.
Es warn da Jäger vnd auch Hund/
Ain lebendiger Fuchs zur stund.
Der war von den Jägern gehetzt/
Vnd von den Hunden gar zersetzt.
Es was ain lust an zü schawen/
Muß bekennen Man vnd Frawen.

Die zehend Mummerey.

Zwen Zigeyner oder Hayden/
Hetten sich gar schön thun klayden.
Mit roter Seyden vmbwunden/
Ich sach zü denselben stunden.

Die ailfft Mummerey.

Ain schöne zier auff die Ban kumbt/
Siben person die warn vermumbt.
Mit schöner Klaidung also reich/
Sahend den sibn Planeten gleich.
Ain schöne zier es warlich war/
Vnd jugend so lustig dahär.
Ain yeder in seinr aignen art/
Fleiß vnd arbait ward da nit gspart.
An jrer Klaidung sach mans wol/
Darumb ichs billich loben sol.

Die zwölfft Mummerey.

Der

Der groß Bachus bleibt nit hinden/
Ließ sich auff der Ban auch finden.
Dahin ist Er kummen gheitten/
Auff ainer Schlaipff oder Schlitten.
Sitzende auff ainem Weinfaß/
In weisser waht Er klaidet was.
Ain Angster oder Trinckgeschirr/
Sechs spangen lang das glaubend mir.

   Die dreytzehend Mummerey.

Ertzhertzog Carl von Osterreich/
In Steyr/ Kerndten in Crain desgleich.
Der Edel Fürst der tugent vol/
Sach ich lustig auffziehen wol.
Mit schöner klaidung jm gemes/
Wie die Küngin Amasones.
Mit zwayen Junckfrawen geziert/
Vil Musicis mit jn gestirt.
Irer Durchleücht es nit antran/
Ain dopel Gschirr da Sy gewan.

   Die viertzehend Mummerey.

Drey Mom hab ich beschaut mit fleiß/
Von Atlas war ir Klaidung weiß.
Gar wol geziert vnd schön vermumbt/
Darnach wol auf die Ban auch kumbt.

   Die fünfftzehend Mummerey.

Vier person kummend her gerandt/
Die hab ich warlich nit erkandt.
In schönen Mänteln wie ich sag/
Hab gesehen denselben tag.

   Die sechtzehend Mummerey.

Sechs Mom die warn gar schön geziert/
Gel rot vnd weiß haud Sy gefiert.
Ir klaidung brembt mit schönem gold/
Zum letsten ich auch nennen solt.

                            Die

Die sibentzehend Mumnerey.

Die letsten schawet ich mit fůg/
  Dann dy waren vnfleidig gnůg.
Nit anderst wurdend Sy gnandt do/
  Wie ich wol hon Magnifico.
Blawe parett gar groß vnd brait/
  Ain yeder auff sein haupt hat trait.
Die habend all gar ritterlich/
  Zum Ringlin lassen brauchen sich
Vnd gar zierlichen da gereint/
  Von manchem man ward da erkent.
Ertzhertzog Ferdinand auß Tyrol/
  Hab sich für ander ghalten wol.
Vnd im geben den preiß so gůt/
  Jr Durchleücht hat ains Löwen můt.
Vnd reyt gar dapffer auff der Ban/
  Des ward Er globt von yederman.
Julius Deriuo Chamerherr/
  Deßgleichen auch erlangt hat Ehr.
Die sach die was also gethan/
  Wer jr begert den můßtens bstan.
Drey Ritt wie gemelt zů dem Ring/
  Das müßt geschehen mit geding.
Wellicher mit aim rennen wolt/
  Vorhin Er da anzaigen solt.
Wie vil Ducaten es da gult/
  Vnd das freündtlichen mit gedult.
Vnder fünff dorfft Er nit nennen/
  Biß hinauff auff hundert rennen.
Dorfft ain yeder den da gelust/
  Der mocht versůchen ainen rust.
Mit Fürstlicher Durchleüchtigkait/
  Die mit aim yeden was berait.
Rennen vmb wenig oder vil/
  Julius Deriuo nennen wil.
Habend sich gar wol besunnen/
  Vnd dise Klainet gewunnen/
                    Gwinnater

Gwinnater.

Ain vergulde	Zway weisse Kändelin.
Siben guldin Ring	Sechs silberin Gürtel.
Neün verguldt Becher.	Vier gulden Ketten.
Zway verguldte Saltzfäßlin.	Ain silberin Fläschen.
Drey verguldte Armband.	Drey verguldte dopelt Becher.
Ain verguldt Gschirr.	Zwen groß vergullt Becher.

Mit Rennen da war wenig rhů/
  Ain grosse welt hat gsehen zů.
Ich sach da gar ain zierlich hauß/
  Lustig gebawen überauß.
Darinn lagend der Fürsten vil/
  Vnd sahend zů dem Ritterspil.
Hoch vnd wolgeborne Frawen/
  Fleissigklich sy theten schawen/
Braut mit sampt dem Frawen zimmer/
  Vom volck was ain groß getümmer.
So da stůndend auff der gassen/
  In Heüsern lagend vnd sassen.
All Fenster Tächer lagend vol/
  In allen Wincklen sach mans wol.
Ehe dann sy sich habend verzign/
  So seinds hinauf in Rauchfeng gstign.
Die Tächer zerbrochen mit gwalt/
  Creützfenster ich auch alle zalt.
Auch andre Fenster groß vnd klain/
  Vnd an der zal wie ich vermain.
Siben vnd neüntzig vnd dreyhundert/
  Mänigklich sich des verwundert.
So red ich mit der warhait das/
  Ja das in aim durchs ander was.

Acht

Acht personen das waiß ich wol/
   Wann mans dann samen rechnen sol.
So trifftes an vil tausent person/
   Was stünd erst vnden auff dem plon.
So gar ain solche grosse welt/
   Von mir bleibt sy wol vngezelt.
Ewr Maiestet der zaig ich an/
   Das vngfarlich sechs tausent man.
Die da seind auff dhochzeyt kummen/
   Hab im nachgfragt vnd vernummen.
Mit Fürsten Grauen Freyen herrn/
   Die allsand seind kummen zü ehrn.
Dem hochgedachten Fürsten reich/
   Dem Preütgam vnd der Braut geleich.
Ain groß volck es dann vorhin hatt/
   Zü München in der gnambten Statt.
Noch ist jr all nit gwesen gnüg/
   Lieffend auch einher auß dem pflüg.
Ab dem Land gat ain grosse sum/
   Ja wann ich leüg sey ich nit frum.
Sy hand ainanderen getruckt/
   Das manchem ist der Att verzuckt.
Es war ain trucken vnd ain treng/
   Die Ban die ward zü letst noch zeng.
Von mänigklich des volcks so vil/
   Da nun das ehrlich Ritterspil.
Auff den abent hat gnummen end/
   Da ist das volck verlauffen bhend.
Es zügend auch die werden Gest/
   Widerumb in die Newe Vest.
Auff Wägnen warn gar schön geziert/
   Hat man das Fräwenzimmer gfiert.
Vnd darnach in dem schönen Sal/
   Gleich wie zuuor ain Fürstlich mal.
War so lustig vnd schön berait/
   Wie ich dann vor hab angezaigt.
Deßhalb ichs yetz will bleiben lan/
   Am Mitwoch hüb man wider an.

42

Ain schönen Thurnier da zů filß/
Ich kan nit für jn preysen muß.
Es kam auff die Ban gezogen/
Gantz frölich vnd vnbetrogen.
Hertzog Ferdinand ich nennen sol/
Selb vierdt hab ich gesehen wol.
Graf Carl der jung von hohen Zorn/
Erhart von Muckenthal geborn.
Der dritt ist mir auch wol erkandt/
Hans von Regensperg ist Er gnandt.
Ich preiß die Herren alle vier/
Dann Sy kummend in schöner zier.
Jr Klaidung von Gold geschmogen/
Vnd mit Silber vnderzogen.
Zehen Batriuen sach ich wol/
Jr Namen ich auch nennen sol.

Graf		Löwenstain.
Graf		Schwartzenberg.
Graf Hieronymus		Nagrol.
Herr Caspar		Wolckenstain.
Veit Erbmarschalck	von	Bappenhaim.
Herr Adam		Neydeckh.
Marquart		Stain.
Hans Georg		Etzendorff.
Clement Münch		Münchenaw.
Völckher		Freyberg.

3

Zů dem dritten vnuerdrossen/
Kamend jren fünff auff Rossen.
Die warn beklaidt Bäurischer art/
Von Hosen Röck haar vnd auch bart.
Sy seind mit Pfeyffen vnd Trummen/
Gar frölich auff die Ban kummen.

4

Zů dem vierdten sach ich kummen/
Auch mit Pfeyffen vnd mit Trummen.
Zwelff

Zwelff Galliothn warn angethon/
 Inn langen Röcken von seidn schon.
Von brauner farb ich schawt sy gnůg/
 Ain schönes Ruder yeder trůg.

5

Zů dem fünfften hab ich gsehen/
 Ain schönen lust můß ich jehen.
Von Berckhknappen ja da zumal/
 Ir acht vnd zwaintzig inn der zal.
Achtzehen die trůgen so gůt/
 Ain yeder inn seinr hand ain Hůt.
Genandt ain Helm mit schöner zier/
 Die selben gnitzt wol zum Thurnier.
Die zehen trůgend Bickel gůt/
 Zugend daher mit freyem můt.
Ain Berg habn sy vnbetrogen/
 Vor in her auff die Ban gschoben.
Es ist jn gar wol gelungen/
 Im berg haben sy gesungen.
Berckrayen also lustigklich/
 Das es sehr hat verwundert mich.
Ich hort jn zů gschach als mit fůg/
 Ain Leder auch ain yeder trůg.
Wie die Ertzknappen hindenab/

6

Zů dem sechsten ich gsehen hab.
Zů fůß jr zwelff mit gantzem fleiß/
 Kurtze röcklin warn schwartz vnd weiß.
Trůgen sy vnderhalb der mit/
 Als nach des fůß Thurnierens sitt.

7

Zum sibenden so sah ich wol/
 Vier Musicis ich sagen sol.
Von Gold vnd weissem Taffet klaidt/
 Darnach jr vier gar schön beraidt.
Von Gold silber vnd Taffet rain/
 Vnd mir bekandt als ich vermain.

Herr

Herr Jerg von Fronsperg wol erkandt/
Herr Jerg von Hengenberg genandt/
Ain wolgeborner Herr von Bern/
Ludwig von Velß den sach ich gern.
Dise vier Herrn gar wol geziert/
Die habend auff die Ban gefiert.
Hertzog Wilhelm so hoch geborn/
Ain Graff von Löwenstain on zorn.
Sy warn geziert gar lobensan/
Von Gold vnd Silber angethan.

8.

Zu dem letsten da sach ich frey/
So gar ain schöne Mummerey.
Zwelff Pfeyffer vnd müß reden das/
Nit aine wie die ander was.
Auß der Music Sy da pfiffen/
Wie die Hirten Sy herliffen.
Mit Gaißhelitten warn Sy beklaidt/
Mit grünem Ephew wol beraidt.
Es sach lustig müß ich jehen/
Mein tag hab ichs nit vil gsehen.
Vnd bin jnher gwesen beim Thurnier/
Ich hett mein selbs vergessen schier.
An solchen seltzamen dingen/
Wer kans in die Federn bringen.
Was heüt vnd gestern auff der Ban/
In Mummerey hat schen lan.
Jm selben hüb man an Thurniern/
Yeder sein Ritterschafft probiern.
Mit dem Spieß vnd auch mit dem Schwert/
Ward ainer von dem andern gwert.
Wie es zu solchen sachen hört/
Vnd auch der Ritterschafft gebört.
Wie der Thurnier hat gnummen thu/
Zoch yederman der Herberg zu.

D   Thurnier

In die Blancken.

Hertzog Carol,
Dich gehalten wol,
Dann jungen Fürst,
Nach Ehren dürst.

Am Donnerstag on allen zorn/
  Kam Ertzhertzog Carl hochgeborn.
Fürstlich nach Thurnierens sitten/
  Im verguldten Küriß ghritten.
Mit jr Durchleücht so wol gemüt/
  Rittend zwen Edel Ritter güt.
Seind Mammendorffer gewesen/
  Von jr Durchleücht außerlesen.
Es ist Ertzhertzog Ferdinandt/
  Vnd Hertzog Wilhelm wol erkandt.
Des Durchleüchtigen Fürsten Herrn/
  Wappnmaister gwest inn hohen ehrn.
Hernach so seind kummen ghritten/
  Schön nach ritterlichem sitten.
Viertzehen Parthey sach ich wol/
  So ich die warhait sagen sol.
Ir klaidung was so schön vnd reich/
  Vnd kaine der anderen gleich.
Ich sach ain Junckfraw wol gethan/
  Auff ainem zarten Gaul gar schon.
An ain guldin Kett gebunden/
  Hat Sy ain Ritter zun stunden.
An jrer hand auff d'Ban gefiert/
  In ainem Küriß schön geziert.
Das hat gesehen mancher man/
  Darnach hüb man Thurnieren an.
Ertzhertzog Carl zů Ostereich/
  Ir Durchleücht Gspan desselben gleich.
Die habend sich gehalten wol/
  Für ander ich Sy loben sol
Dann Sy jr Spieß hond eben gfiert/
  Vnd da gantz ritterlich Thurniert.
Ich acht das auff denselben tag/
  Zway hundert Spieß wie ich hie sag.
                      Wurden

Wurdend zerbrochen ward erkandt/
 So Ritterlichen ward da gnandt.
Den Freytag hat man rhůwig glan/
 Vnd kain Thurnier nit gfangen an.
Aber so gar ain lustig spil/
 Das ich auch hie anzaigen wil.
Betraff den Sampson vnd sein macht/
 Die Philister mit jrem pracht.
Es war lustig da zusehen/
 Ist durch d'Jesuwiter gschehen.
Gar ordenlich vnd auch so fein/
 Die Spil ich geredt inn gůt Latein.
Abents ain schöne Abentheür/
 Gar zierlich hat man gworffen feür.
Gar zierlich war all ding bereidt/
 Wer gsehen hat das es jn freidt.
Das aber nit ward als volendt/
 Das hatt warlich das wetter gwendt.

                        K   Thurnier

urnier im Kübelstechen.

milinger bin ich genandt/
diser Ban gar wol erkandt.
Fuchßschwentz auff dem Kübel/
daher fürcht mir nit übel.
hie mit diser Stangen/
mänigklich danck zurlangen.

Am Sambstag hůben an die frechn/
Gar ritterlich im Kübel stechn.
Sy zugend her wol auff die Ban/
Vnd hetten seltzam klaider an.
Gebunden Kübel auff dem haupt/
Ich habs gsehen hets sonst nit glaubt.
Red ich das auff die trewe mein/
Von rechter vngestalt was fein.
Gar seltzam theten Sy sich mutzen/
Wie die rechten Faßnacht butzen.
Ire Roß waren on geferdt/
Aus wie ich acht zwelff Schilling werdt.
Lieffen wie die gspannen Hasen/
Jnn dem Winter auff dem wasen.
Kain Gürt war an kaim Sattel nit/
Ich dacht ist das ain newer sitt.
Wann ich mein Roß hab gürtet hart/
So gschicht es mir auff mancher fart.
Das ich darauff kan bleiben nit/
Vnd so ich erst on gürtet ritt.
So wurd ich sein auch Ritters gnoß/
Auff dem boden vnder dem Roß.
Wie es dann denen wirt gschehen/
Leb ich so lang will ichs sehen.
Trummeten bließ man mit namen/
Kübelstecher rittend zamen.
Walt Sy Got ehe ichs wort außsprach/
Vnder den Rossen ich Sy sach.
Des Schimpffs mußt ich warlich lachen/
Geht laßt Gürt an d' Sättel machen.
Sy volgten mir in kainer moß/
Laytend Sy wider auff die Roß.
Theten wider zsamen reyten/
Fielends ab zů baiden seyten.
Deß lachtend Fürsten Grauen Herrn/
Gefiel in wol Sy sahens gern.
Ainr steyg auff der ander fiel ab/
Das tribens nach ain halben tag.

Ich

Ich sach ain auff aim weissen Roß/
Der fiel nit manchen es verdroß.
Drey Fuchßschwentz fürt Er auff dem Kübl/
Er gwan den danck gfiel jm nit übl.
Der Reynlinger ward Er mir gnandt/
Nit anders ist Er mir erkandt.
Darnach so nam der Schimpff ain end/
Trummeten bließ man auff gar bhend.
Vnd zoch mänigklich haim zů hauß/
Da ain yeder was zogen auß.
Am abent was ain Fůß thurnier/
Des hett ich hie vergessen schier.
Gar lustig in der Newen Vest/
Geschach wol durch die werden Gest.
Am Sontag hört man Gottes wort/
Darnach so wolt man stechen fort.
So hat das Wetter sollichs gwendt/
Das es den tag nit ward vollendt.
Darnach am Montag ists geschehn/
Zoch Hertzog Wilhelm můß ich jehn.
Gar Fürstlichen wol auff die Ban/
Vnd ward gelobt von yederman.
Mit sampt aim Herren Hochgeborn/
Graf Carl der jung von hohen Zorn.
Vnd auch Erhart von Muckenthal/
Dann jr warn drey dasselbig mal.
Gar schön geziert ich sagen sol/
Vier schön Panier die sach ich wol.
Der Herrn vier füren auff Rossen/
Ich will auch hie vnuerdrossen.
Sy bey jrem Namen nennen/
Dann ich Sy all vier wol kennen.

Graff Albrecht		Sultz.
Herr Georg	von	Fronsperg.
Herr Georg		Hengenberg.
Caspar Preüner Freyherr.		

S   Thurnier

Freystechen.

Pietigam gůt /
hat Löwen můt
Ritterlich /
preyß vergich.

Diener ʒc Durchleücht mit hat gfiert/
Jn rotem Eharmaſin gezicrt.
Mit geel vnd weyſſen Zweyfelſtrick/
Es war ain luſt der es anblickt.
Deſgleich waren auch Pferd beklaide/
Diſe farben von Sammat traide.
Ritterlichen hat man gſtochen/
Schwert zerſchlagen Spieß zerbrochen.
Hertzog Wilhelm vnd ſein verwandt/
Guttwillig man ſy allſand fandt.
Hat ainer luſt zerbriechen Spieß/
Ain yeder ſich gern finden ließ.
Es wer im Spieß oder im Schwert/
Wies ain yeder von jn begert.
Die Herren waren jung vnd ring/
Got wöll das jnen weyter gling.
Das jn kain laid nit wider far/
Got dir beuilch ichs dus betwar.
Durch deinen will vnd Göttlich gnad/
Das jn der feind nit bringe ſchad.
Wie der Thurnier ain end gnummen/
Bließ man auff vnd ſchlüg d'Heertrummen.
Das hat mir wärlich wol gefalln/
Aber vnder den Thurniern alln.
Ward kainr ſo Ritterlich erkennt.
Als der ſo man hat ſcharpff gerennt.

                                    Thürnier

Thurnier

Da hab ich gsehen warlich vier/
  Auff der Ban mit gar schöner zier.
Ir Namen ward mir angezaigt/
  Darumb ich hie auch bin genaigt.
Ewr Maiestet Sy hie zů nennen/
  Vnd Sy geben zů erkennen.
Von wegen Ritterlicher that/
  Die ain yeder begangen hat.
Auff der Ban wie dann sich gebůrt/
  Zun zeyten Lachen seht theür würt.
Ain yeder hat nach ehrn ghrendt/
  Das ward von mänigklich erkendt.
Die zwen ersten ritten zamen/
  Des sich kainer nit darff schamen.
Ir Spieß hand Sy gar eben gfürt/
  Vnd bed ainander darmit ghrürt.
Das Roß vnd Man fiel auff die Ban/
  Sollichs ich selbs gesehen han.
Von disen zwayen Rittern werdt/
  Ward ainer von dem andern gwerdt.
Ir Namen nenn ich billich zwar/
  Kainer sich deß nit schämen dar.
Hainrich Völckher von Freyberg bkandt/
  Nicodemus der ander gnandt.
Von Wembdling ich hie sagen sol/
  Die Ritter hand sich ghalten wol.
Noch seind jr zwen zůsamen ghritten/
  Als nach des Scharpff Turniers sitten.
Hans Jerg Etzendorffer so gůt/
  Sigmund Eysenreich wol gemůt.
Rittend zůsamen ritterlich/
  Hans Jerg Etzendorffer sag ich.
Deßgleichen Sigmund Eysenreich/
  Der falt auch nit desselben gleich.
Das die Härnisch laut erklungen/
  Wie die Roß zů samen sprungen.
Ward Hans Jerg Etzndorffer der Heldt/
  Von Sigmund Eysenreichen gfellt.
                      Wiewol

Wiewol Sy bed hand troffn eben/
   Ward jm dißmal der danck geben.
Ich lob die Helden baide sandt/
   Dañ Sy hand dapffer zamen ghrandt.
Das hat mänigklichen erkendt/
   Wie ich dann hab vorhin genendt.
Deßgleich so man im Krönlich stach/
   Da es gantz Ritterlichen sach.

                D   Thurnier

Dann da wirt manchem ainen stoß/
Das Er sy ain halb jar ist gnoß.
Vnd solt doch als sein nur ain schertz/
Zů solchem Schimpff gehört ain hertz.
Dann warlich ain verzagter Man/
Soll sich der sachn nit nemen an.
Dann Er můß sein leib vnd leben/
Im Thurnier sich gar verwegen.
So die Roß zůsamen springen/
Das man hört die Harnisch klingen.
Wie es dann geschicht etlich mal/
Das ainer mit aim solchen fal.
Shertz im leib möcht aim zerbrechen/
Mich lust nit ins Krönlin stechen.
Vnd ob ich sy genoß gleich wer/
Dann da ist warlich grosse gfer.
Wie ich dann selbs gesehen hab/
Gleich auff den mornerigen tag.
Das Sy zůsamen rittend dann/
Zů boden fiel offt Roß vnd Mann.
Es was kain schertz nach mein beduncken/
Mancher da fiel das Er hat ghuncken.
Ab solchem rauhen nidersitzn/
So hat mancher anfahen schwitzn.
Wiewol es zur zeyt was nit haiß/
Hat es im außtriben den schwaiß.
Ainer dem andern ließ kain rhů/
Es was wol lustig sehen zů.
Aber Rennen das waiß ich nit/
An Fürsten höfen ist es sitt.
Ritterlich ist es zůgangen/
Ob jr gleich etlich empfangen.
Habend villeicht ain wengsch aden/
Dañ wer sich Thurniers will bladen.
Der můß sein warlich achten nitt/
Die Kirchweyh solchen Ablaß gitt.
Wol yetzunder zů diser frist/
Nit sunder schaden gschehen ist.
                                Denn

51

Denn ainem jungen Edelman/
Sein lob ich nit dahinden lan.
Dann Er hat sich gehalten wol/
Das ich in billich preysen sol.
Got geb jm glück dem jungen Heldt/
Dann Er hat jr da etlich gsellt.
Von jren Pferden auff die Ban/
Ich lob den jungen Reütters man/
Wie man ist zogen wider ab/
Da merckt ich auff ains Herren sag.
Er sprach nun reyt ans thor hinan/
Zaigt an den preiß auff diser Ban.
Der junge Held gehorsam wol/
Vnd reyt gar dapffer an das Thor.
Das fallen müßt da Roß vnd Man/
Ain wenig schädn thet Er empfan.
Der Harnsch truckt jm ain finger ab/
Des Er nit acht ich gsehen hab.
Ain junger Nothafft wol erkandt/
Georg also ist Er genandt.

Graf		
Hainrich Völckher		Schwartzenberg.
Nicodemus		Freyberg.
Joachim		Wembding.
Hans Jerg		Sirgenstain.
Sigmund Eysenreich		Etzendorff.
Wilhelm Mayr	von	N.
Jerg Mayrhofer		
N. Rumminger		Rummingen.
Friderich Rosenbusch		Eytzing.
Bernhart Hofer		Vtsar.
Othmar		Senen.
Hauptman Finck		

Das ist der Adel hoch ernandt/
Der da im Krönlin hat gerandt.
Mehr seind mir yetz nit angezaigt/
Zuschreiben wer ichs sunst auch gnaigt.
X   Darnach

Darnach ist man rhůwig bliben/
Vnd sunst andre kurtzweil triben.
Biß auff den Sontag gleich hernoch/
Auff die Ban man widerumb zoch.
Des hochgnandten Fürsten Hofgsind/
Ewr Maiestet ghorsam verkünd.
Das da ward ritterlich gerendt/
Mit dem Krönlin wie man es nendt.
Hab bey allen meinen tagen/
Vil hörn von Thurnieren sagen.
Vnd auch gar offt selber gsehen/
Bůcher glesen můß ich jehen.
Bey meinen trewen ich das sag/
Das ich nit hab so manchen tag.
Thurnieren sehen auff ain zeit/
Wiewol man offt groß Bůcher schreibt.
Von solchen Ritterlichn gschichten/
So hab ich auch müssen dichten.
Dise Vers vnd nit lan bleiben/
Ain andrer wirts ghrecht bessr schreiben.
Denn ich der sachen bin zů schlecht/
Der Poeterey nur ain knecht.
Denn ich můß hie bekennen frey/
Ja on alle Fuchsschwentzerey.
Den Thurnier wie er ist triben/
Wurde in ain Chronick gschriben.
Mit sampt der Fürstlichen hochzeit/
Wie gwesen sey all ding bereit.
Denn es mir nit wol müglich ist/
In ainer solchen kurtzen frist.
Alß sand in die Federn bringen/
Es ist gůt redn von den dingen.
So aber Er kain grund nit hoet/
So wirt Er zletst darob zů spott.
Wie mir dann auch möcht geschehen/
Als hab ichs nit können sehen.
Ich hab wol fleissig nachhin gfragt/
Ain yeder hat nit mer gesagt.

        Dann

Dann was Er hat gesehen wol/
Nit weyter Er auch reden sol.
Er hab es dann von Ehrn leüten/
Darff dannocht fehlen jm bezeyten.
Derhalb hab ich mich verzigen/
Vnd dest weniger geschriben.
Ist besser zwenig denn zuuil/
Denn ich es nit vernainen wil.
Das der Thurnier nit baß sey ziert/
Denn ich hab in Reymen gefiert.
Von klaidung farben mancher hand/
Das ichs nit nennen kan allsand.
So hab ich doch mein best gethon/
Nit künden vnderwegen lon.
Vnd ja mir selbs nit künden wern/
Dem Hochgemelten Fürsten zehrn.
Auch Hertzog Wilhelm gegenhafft/
Vnd aller jrer Ritterschafft.
Der etlich mir seind wol erkandt/
Ich nennen Hertzog Wilhelm zhandt.
Der hielt sich auff der Ban so wol/
Seiner ich nit vergessen sol.
Er hat gar Ritterlich gerennt/
Derhalb ward jm ain danck erkennt.
Hertzog Ferdinand deßgeleich/
Wilhelm Mayer vnd Eysenreich/
Ain von Rummingen waiß ich wol/
Darumb ich jn hie nennen sol.
Hainrich von Freyberg wol gemůt
Vnd jr sunst mer vom Adel gůt.
Die ich warlichen hie nicht kenn/
Ist die vrsach das ichs nit nenn.

Bayrischer Adel.

Grauen Herren Ritter zů hand/
Die da waren auß dem Bairland.
Zwen Grauen wurdend mir erkandt/
Von Otingen warn Sy genandt.
Die wolgebornen Herren reich/
Wilhelmus vnd auch Fridereich.

X ij   Jr

Ir zwen von Ortenburg ich nenn/
　Dann ich die Grauen bald wol kenn.
Jochim vnd Vlrich seind Sy gnandt/
　Auch Graf Abundus Schlick erkandt.
Ir gnad han ich gesehen gern/
　Deßgleichen Herr Wilhelm von Bern.
Wolff Wilhelmus von Mächselrain/
　Pfleger zů Scherding als ich main.
Freyherr zů Waldeck wol gedacht/
　Der Braut Můter hat Er auch bracht.
Auß Luttringen wie dan gebiert/
　Vnd Sy gar hin gen Thachaw gfiert.
Wolff Dietrich ich auch hie vermain/
　Freyherr zů Waldeck vnd Mächßlrain.
Graf von Löwenstain nenn ich gleich/
　Am Gsandter gweßt in Osterreich.
Ewr Durchleüchtigste Maiestet/
　Auff die Hochzeyt geladen het.
Doctor Augustin Baumgarter schon/
　Der da für jn die red hat thon.
Herr Diserus gar wol erkandt/
　Freyherr von Fronhofen genandt.
Auch Herr Jerg Dering deßgeleich/
　Herr Hans Zenger ain Ritter reich.
Der da allzeyt wol handlen thůt/
　Vnd ist auch Vitzthumb zů Landtshůt.
Herr Jerg von Hegnberg Ritter ist/
　Statthalter Jngolstatt zur frist.
Herr Hans nenn ich so wol gemůt/
　Von Gumpenberg ain Ritter gůt.
Herr Wigleus zů diser frist/
　Hauptman Er zů Burckhausen ist.
Herr Jacob vom Thurn kenn ich wol/
　Herr Adolff von Sandizell wol.
Herr Seyfrid von Zilhart ich sag/
　Ist da gewesen one klag.
Noch zwen Herren sach ich geleich/
　Bed des hailigen Römischen Reich.
　　　　　　　　　　Erb Ritter

ErbRitter hab ich gsehen wol/
Darumb ichs auch hie nennen sol.
Peter vnd Hans Christoff genandt/
Von Frauberg vnd darbey erkandt.
Hans Jerg von Preysing wol gemüt/
Ain Edler Herr vnd Ritter güt.
Wigelus von Weichs nennen ich/
Veyt von Bappenhaim ich auch sprich.
ErbMarschalck Thailgen Römischn Reich/
Nenn Hans Jacob von Rosen gleich.
Dann Er yetzund zü diser frist/
Zü Vttendorff ain Pfleger ist.
Hans Christoff von Laiming ich sach/
Moritz vnd auch Jerg von Rorbach.
Hans Caspar von Bentzenaw wol/
Christoff dessgleich ich nennen sol.
Hofmaister zü Freysing ich main/
Vnd auch Artolf von Schwartzenstain.
Carol von Freyberg wol gethon/
Jerg Enderis von Mürach schon.
Burckhart von Thannberg also ring/
Auch Onofrius von Preysing.
Zü Wasserburg Er Pfleger ist/
Wilhelm von Brattenbach zur frist.
Christoff von Kittscher wol erkandt/
Christoff von Berg ist auch genandt.
Hans vnd Marquart bede vom Stain/
Hans Jerg von Dachsberg ich auch main.
Hans Jerg von Nußdorff wart nit lang/
Deßgleichen Rüdolff von Haßlang.
Also ist sein Namen genandt/
Pfleger zü Abensperg erkandt.
Ich nenn Hans Jerg von Kuttenaw/
Hans Haürich Nothafft ich auch schaw.
Hans Christoff von Münchaw ich kenn/
Pfleger zü Deckendorff in nenn.
Hans Gilg von Münchenaw ich sach/
Ist auch ain Pfleger zü Dießbach.

X iij   Ich

Jch nenn Ulrich von Uttenna/
Zů Leonsperg ain Pfleger da.
Christoff Camer ich nennen sol/
Pfleger zů Pfaffenhofen wol.
Pfleger zů Freyberg auch erkendt/
Darumb ich jn auch hie hab gnendt.
Und auch Niclaus von Wartenstett/
Adam von Neydeck nennen sett.
Hans Adam gnandt von Muckenthal/
Ludwig von Bernhausn in der zal.
Seyfrid genandt von Leibelfing/
Und auch Hans Albrecht von Preysing
Benedict von Biring genandt/
Pfleger zů Braunen vnd erkandt.
Hans Friderich von Beutzenaw/
Hans Cunrat ich in Ehren schaw.
Christoff von Rendorff nenn ich wol/
Hans Sigmund von Münchenaw sol.
Noch drey nennen von Muckenthal/
Dann jr warn vier da in der zal.
Hans Christoff Wolff Hainrich ich nenn/
Hans Hainrich den ich auch wol kenn.
Anthoni von Seyboltsdorff nenn/
Ursachen das ich jn wol kenn.
Wolff Haymeran von Schmaichen gůt/
Wolff Frantz Gabriel Busch genůt.
Nenn Hans Adam von Marolting
Gott wöll das jm allzeyt geling.
Christoff Rheyndorffer nennen sat/
Pfleger zů Cölenhaim vnd Rhat.
Victor von Seyboltsdorff zur frist/
Pfleger zů Schrobenhausen ist.
Pfleger von Maindorff kenn ich wol/
Jerg Arwer ich jn nennen sol.
Pfleger zů Abach wol erkandt/
Bernhart Stügelhamer genandt.
Adam Dering vnd Hans Seyfridt/
Appoteckr Doctor ich nenn mit.
                     Wolff

Wolff von Asch ist Forstmaister gůt/
Wie ich vernummen zů Landtshůt.
Ofenhaimer auch deßgeleich/
Ott Hainrich von Parsperg sag eich.
Hans Sigmund von Parsperg bekandt/
Lasarus von Sigelßdorff gnandt.
Vnd sunst auch vil ander Herrn reich/
Ja die so nit kan nennen eich.
Wiewol ſy seind von Edlem Stam̃/
So waiß ich warlich nit jr Nam.
Wiewol ich gfragt hab in der Statt/
Niemandt mich vnderwisen hatt.
Wiewol ich offt hab betten drum̃/
Vnd ſy gern gwißt in ainer Sum̃.
So mocht es mir nit widerfarn/
Ich bitt all Herren die da warn.
Vmb verzeyhung hie dises mel/
Das ich Euch all nit nennen sol.
Es thůt mich selber verdrießen/
Ich wißt Ewer besser zgniessen.
Jedoch so bitt ich also schon/
Jr wölt michs nit entgelten lon.
Dann es ist warlich nit mein will/
Denn wa ichs wißt schwig ich nit still.
Noch etlich Herrn můß ich nennen/
Am Hof hab ichs glernet kennen.
Den Landhoffmaister tugentreich/
Den Marschalck auch deßselben gleich.
Jr Nam vnd Stam̃ hab ich vor gnendt/
Fürstlicher Cantzler wol erkendt.
N.   ist er genandt/
Noch ain Herr ward mir auch erkandt.
Herr Wilhelm Lösch so nennt man jn.
Ist Hofmaister der Hertzogin.
Vnd handlet wol in allen ehrn/
Ich nenne noch ain feinen Herren
Bernhart Dichtel zů diser frist/
Fürstlicher gnad Kuchenmaister ist.
Mich

Mich wundert seht in solchen dingn/
　Wie Er es als zů wegen bringn.
Habe künden vnd verachten/
　Solltch Fürstlich herzlich gschichten.
Wie ich dann da gesehen hab/
　Vnd vorhin nit ja all mein tag.
So mancherlay Richt die ich nit kandt/
　Vnd bin durchrayffet manich land.
Gern wolt ich wissen da die zal/
　Die man aufftrug am ainig mal.
Jch hets gern zelt bey meim treiven/
　Es kundt nit sein thůt mich reiven.
Jch habs geschätzt da on gefarn/
　Ob dreyhundert Richt es da warn.
Auff ain mal da auffgetragen/
　Von SchawEssen můß ich sagen.
Ain Pasteten ward da gebacht/
　Ain lebendigen Zwerg drein gmacht.
Jnn ain Küriß můß ich sagen/
　Hinauff für die Fürsten tragen.
Wie man sy nun hat auffgethon/
　Hat sich der Zwerg wol sehen lon.
Gantz munter frölich gsund vnd frisch/
　Auß der Pasteten auff den Tisch.
Gegangen vnd mit Reuerentz/
　Sich gegen allen Fürsten bhentz.
Erzaigt wie sich dann hat gebirt/
　Wiewol mans gleich nit glauben wirt.
Da leyt mir warlich wenig an/
　Dann ich es wol beweysen kan.
Darmit man mich besser verstand/
　So hat in ErtzHertzog Ferdinand.
Mit jr Durchleücht bracht auß Tyrol/
　Weyter hab ich gesehen wol.
SchawEssen die man auff hat treyt/
　Die wunderbarlich waren bhreyt.
Pfaiwen gleich als ob sy flugen/
　Wann sy mich acht nit betrugen.

Jch

Ich sach auch Löwen Hirschen Hasen/
Gleich lieffens auff grünem wasen.
Deßgleichen ander sachen vil/
Ain Schloß ich auch anzaigen wil.
Von Büchsen Reütern vñ Landtsknecht/
Hauptleüt vnd Fendrich sach ich recht.
Von gütem Zucker alles gmacht/
Bey mir selber ich da gedacht.
Stiende es in ainr Bübenschül/
In der mitte auff ainem stül.
Vnd jn zü stirmen wurd erlaubt/
Aim yeden liesse was Er raubt.
Wie wurds dem Schloß so übel gehn/
Die Kriegßleüt bliben nit lang stehn.
Die Büchsen vnd auch die Hauptleüt/
Wurden wern gar ain klaine zeyt.
Aber bey disen grossen Herrn/
Haben Sy sich da güt zü weern.
Vrsach es griff Sy niemandt an/
Deß mögend Sy dest lenger bstan.
Vil ander sachen müß ich jehn/
Solt ich schreiben was ich hab gsehn.
Wie alle ding gerüstet wer/
Es wurd mir warlich vil zü schwer.
Dann ich mag bey der warhait jehn/
Da ist worden nicht übersehn.
All ding ward ordenlich betracht/
Es wer bey tag oder bey nacht.
So schöne feür auß der massen/
Gaben liecht in allen gassen.
Man sach so wol ja ich das sag/
Als wer es gwesen liechter tag.
Darmit wider für niemandts laid/
Vnd ainigklich geb güten bschaid.
Wie es dann auch ist geschehen/
Ich mag mit der warhait jehen.
Das ich kain arges böses wort/
Von kainem menschen hab gehort.

Alle Auffrhůr die sich zů trůgn/
  Ich sach zwen böse Schůler bůbn.
Ainander vmbziehen beym har/
  Der gröste auffrhůr der da war.
Warn dise zwen můß ich jehen/
  Dann ich nit mehr hab gesehen.
Bey dem will ichs beleiben lon/
  Ich wünsch Preütgam vnd Braut gar schon
Vnd auch jr beden freündtschafft zwar/
  Ain New glückhafftig sältgs Jar.

Hainrich Wirre von Arativ geborn/
  Kaiserlich Maister gelobt vnd gschworn.
Hat dise Verß gantz gehorsamleich/
  Den Durchleüchtigisten Fürsten reich.
Auß Bayern zů hohen ehrn gedicht/
  Vnd mängklich darmit vnderricht.
Der Christlichen Fürstlichen Hochzeit/
  Got durch sein gůt vnd barmhertzigkeit.
Wöll in geben frid vnd glück darzů/
  Darmit Sy mögen in freüd vnd rhů.
All wonen ja in diser zeyt/
  Vnd bsitzen die ewig sälligkeit.

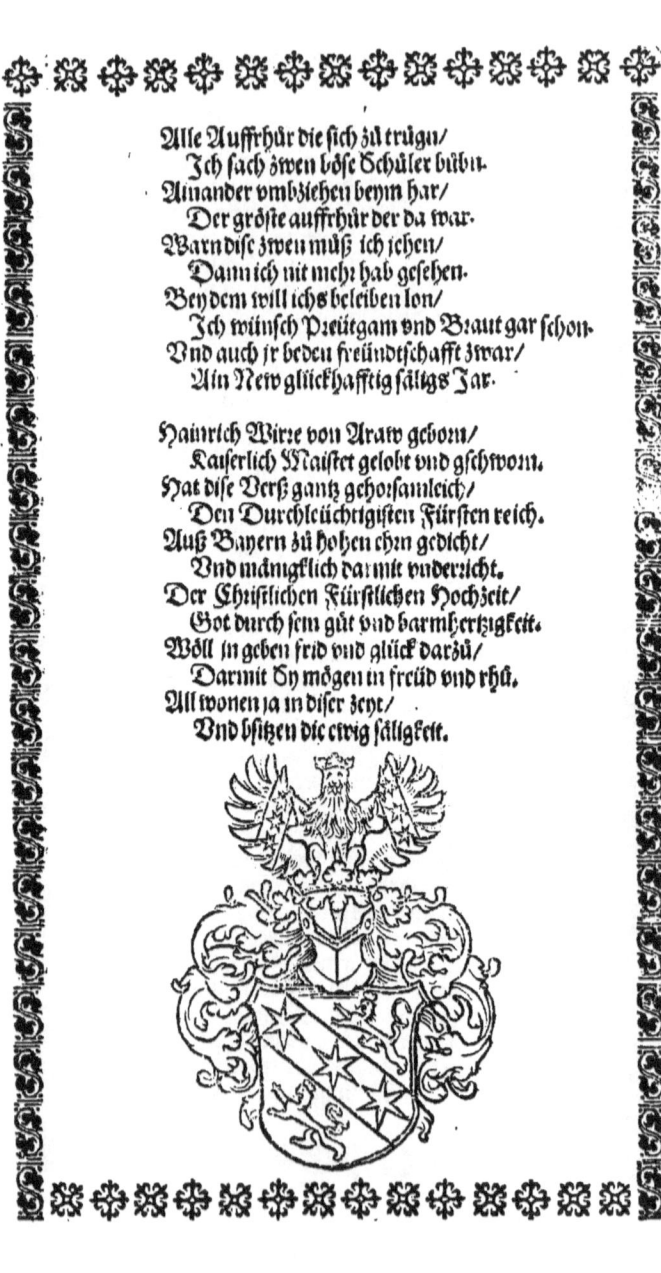

Philipp Vlhart ist Er genandt/
Die Truckerey jm wol erkandt.
Die Er von seim Vatter hat glert/
Dem dises Wappen zů gehert.

Getruckt in der Kaiserlichen Reichs Statt
Augspurg/durch Philipp Vlhart/
inn der Kirchgassen/bey
Sant Vlrich.

Anno
M. D. LXVIII.

www.ingramcontent.com/pod-product-compliance
Lightning Source LLC
Chambersburg PA
CBHW030245170426
43202CB00009B/630